Elemente der Politik

Reihe herausgegeben von
Hartmut Aden
Hochschule für Wirtschaft und Recht Berlin
Berlin, Deutschland

Sonja Blum
Fakultät für Soziologie
Universität Bielefeld
Bielefeld, Nordrhein-Westfalen, Deutschland

Hendrik Hegemann
Institut für Friedensforschung und
Sicherheitspolitik an der Universität Hamburg
Hamburg, Deutschland

Andrea Schneiker
Zeppelin Universität
Friedrichshafen, Deutschland

Sven T. Siefken
Institut für Parlamentarismusforschung
Berlin, Deutschland

D1705975

Die ELEMENTE DER POLITIK sind eine politikwissenschaftliche Lehrbuchreihe. Ausgewiesene Expert*innen informieren über wichtige Themen und Grundbegriffe der Politikwissenschaft und stellen sie auf knappem Raum fundiert und verständlich dar. Die einzelnen Titel der ELEMENTE dienen somit Studierenden und Lehrenden der Politikwissenschaft und benachbarter Fächer als Einführung und erste Orientierung zum Gebrauch in Seminaren und Vorlesungen, bieten aber auch politisch Interessierten einen soliden Überblick zum Thema.

Jasper Jonathan Finkeldey

Globale Ressourcenpolitik

Eine Einführung

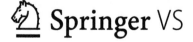

Jasper Jonathan Finkeldey
Institut für Politikwissenschaft
Martin-Luther-Universität
Halle-Wittenberg
Halle (Saale), Sachsen-Anhalt
Deutschland

ISSN 2627-2903   ISSN 2627-2911   (electronic)
Elemente der Politik
ISBN 978-3-658-42174-8   ISBN 978-3-658-42175-5   (eBook)
https://doi.org/10.1007/978-3-658-42175-5

Die Deutsche Nationalbibliothek verzeichnet diese Publikation in der Deutschen Nationalbibliografie; detaillierte bibliografische Daten sind im Internet über http://dnb.d-nb.de abrufbar.

Planung/Lektorat: Jan Treibel
Springer VS ist ein Imprint der eingetragenen Gesellschaft Springer Fachmedien Wiesbaden GmbH und ist ein Teil von Springer Nature.
Die Anschrift der Gesellschaft ist: Abraham-Lincoln-Str. 46, 65189 Wiesbaden, Germany

Inhaltsverzeichnis

1

Einleitung: Das Gewicht globaler Politik

Anders als fertige Konsumprodukte fallen natürliche Ressourcen meistens erst dann ins Auge, wenn sie knapp oder besonders teuer werden. In Industriestaaten kennen mehr Menschen den aktuellen Preis eines iPhones als den Preis von Coltan, Wolfram oder Gallium, die das Funktionieren eines Handys ermöglichen. Erst Teuerung von Endprodukten und Lieferengpässe lassen die globale Rohstoffzirkulation meist nur kurz in öffentliche Erscheinung treten. Leere Regale durch Lieferengpässe boten für viele Menschen in der westlichen Welt während des Corona-Ausnahmezustandes ein bis dahin ungekanntes Bild. Könnte sich hervorgerufen durch Knappheit und Teuerung diese Dynamik zu einem wiederkehrenden Moment der Weltwirtschaft etablieren? Die Ausbeutung natürlicher Ressourcen findet oft im Untergrund und damit in einer Parallelwelt statt: kilometertiefe Minenschächte, gigantische Maschinen, hell erleuchtete terrassierte Abhänge bei Nacht und marsähnliche

© Der/die Autor(en), exklusiv lizenziert an Springer Fachmedien Wiesbaden GmbH, ein Teil von Springer Nature 2023
J. J. Finkeldey, *Globale Ressourcenpolitik,* Elemente der Politik, https://doi.org/10.1007/978-3-658-42175-5_1

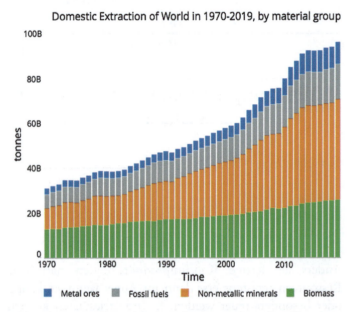

Abb. 1.1 Rohstoffextraktion weltweit nach Rohstoffgruppen, 1970–2019. (Quelle: WU Vienna (2022): Material flows by material group, 1970–2019. Visualisierung basiert auf der UN IRP Global Material Flows Database. Wirtschaftsuniversität Wien. Online available at: materialflows.net/visualisation-centre)

Landschaften mit Kratern, so unwirklich, bilden sie doch das Maß menschlicher Eroberung des Planeten in ihrer Widersprüchlichkeit ab. Auf der einen Seite schafft Ressourcenausbeutung Wohlstand und bequeme Lebensformen, während sie gleichzeitig Lebensräume und Ökosysteme zerstört. Während sich der Ressourcenverbrauch zwischen 1970 und 2017 verdreifacht hat (siehe Abb. 1.1), wird dieser sich laut des UN International Resource Panels (IRP) bei Fortsetzung heutiger Trends bis 2050 im Vergleich zu heute nochmals verdoppeln. Menschen in Ländern mit hohem Einkommen verbrauchen hierbei durchschnittlich das Zehnfache an natürlichen Ressourcen wie Menschen in Ländern mit niedrigen Einkommen (Bringezu et al. 2017, S. 10).

Die globale Ressourcenfrage ist eng an die Klimafrage gekoppelt. Laut des International Resource Panels (IRP) der Vereinten Nationen (UN) gehen ungefähr die Hälfte aller Treibhausgasemissionen „direkt oder indirekt auf die Gewinnung und Verarbeitung von fossilen Brennstoffen, Biomasse, Erzen und Mineralien zurück" (BMU 2020, S. 7). Wie bei der Erwärmung des Klimas, sind allerdings Menschen nicht im gleichen Maße von dem An- und Abbau von agrarischen Monokulturen, Megabergbau oder Rohstoffverarbeitung betroffen. Menschen sind dort am verwundbarsten, wo arbeitsrechtliche und ökologische Standards am niedrigsten sind oder sie unverschuldet in „Opferzonen" (Klein 2015) der extraktiven Industrien oder des verarbeitenden Gewerbes geraten. Besonders krasses Beispiel hierfür ist der Zusammensturz der Rana Plaza Textilfabrik in Bangladesch am 24. April 2013, das 1136 Menschenleben forderte (BpB 2018). Hier produzierten auch viele europäische Textilfirmen. In Deutschland ist daruafhin das Lieferkettengesetz zur Einhaltung sozialrechtlicher und ökologischer Standards als explizite Reaktion auf die Maßgabe: „Nie wieder Rana Plaza" verabschiedet worden (BMZ 2022).

Wie sich hier bereits ankündigt, hat die Ressourcenpolitik gewichtige globale Querschnittsaufgaben zu bewältigen, die unter anderem klimapolitische, menschenrechtliche und gerechtigkeitsrelevante Dimensionen umfassen. Anders gesagt tritt Ressourcenpolitik als Problembündel auf: Bei der Analyse des Ressourcenzyklus von der Entnahme über die Produktion zum Konsum bis hin zur Entsorgung laufen alle Querschnittsthemen zusammen. Somit bietet die Analyse der Ressourcenpolitik auch eine große Chance, Hebel und Druckpunkte für zentrale Zukunftsfragen zu identifizieren.

Ziele und Inhalte globaler Ressourcenpolitik

Ressourcenpolitik tritt häufig erst als Reaktion auf Versorgungskrisen oder hohe Marktpreise in den Vordergrund. Für Menschen, die zum Beispiel neben einer Mine wohnen oder deren Acker von Agrarkonzernen für Monocrops übernommen werden sollen, sind Ressourcenpolitik und -konflikte allerdings Alltag. Überproportional stark betroffen ist die ländliche Bevölkerung in rohstoffreichen Regionen des globalen Südens. Das Politikfeld der Ressourcenpolitik[1] wird der Industriepolitik zugeordnet und ist damit ein zuvorderst wirtschaftspolitisches Betätigungsfeld, das weitreichende Implikationen für andere Bereiche mit sich bringt. In der kapitalistischen Gegenwart, in der Warenproduktion und Konsum zentrale gesellschaftliche Rollen einnehmen, gibt es einen dramatisch wachsenden Bedarf an Produktionsmitteln. Gerade wohlhabende, in den Lebensstilen ausdifferenzierte und technisch innovative Länder haben einen enormen Ressourcenhunger. Zur Produktion werden natürliche Ressourcen zunächst einmal in den Produktionsprozess eingespeist oder unverarbeitet konsumiert.

In der Analyse der Ressourcenpolitik lohnt es sich auf die nationale Ebene zu schauen. In einem zweiten Schritt zeigt sich, dass der Staat sich in einer globalen Ressourcenumwelt befindet. Natürliche Ressourcen werden aufgrund ihrer globalen Ungleichverteilung über Grenzen hinweg gehandelt. Außerdem erstrecken sich natür-

---

[1] Ob es sich bei der Ressourcenpolitik um ein Politikfeld handelt oder nicht, ist umstritten. Die Politikfeldanalyse beschreibt die „Inhalte und Ergebnisse politischer Entscheidungen" entlang eines mehr oder weniger abgegrenzten politischen Themenbereichs (Blum und Schubert 2018, S. 12–13). Häufig wird ein Politikfeld auch dahingehend verstanden, dass es eigens mit dem Themengebiet betraute Ministerien gibt (Bleischwitz & Perincek 2015, S. 418) – das ist in Deutschland anders als in Ländern mit größeren Bodenschätzen wie Südafrika (dort Ministry of Mineral Resources) nicht der Fall.

liche Ressourcen geografisch häufig über Landesgrenzen hinweg, sodass über Zugänge und Bewirtschaftung international verhandelt werden muss.

Ausgangspunkt für die Ausrichtung nationaler Ressourcenpolitik sind die Ressourcen-Vorkommen, der Bedarf an natürlichen Ressourcen, die Handelsorientierung eines Nationalstaates sowie Effizienz- und Nachhaltigkeitsziele. Nationale Ressourcenpolitik dient dem Ziel der Versorgungssicherheit aller natürlicher Ressourcen, die für die Grundversorgung und Sicherheit der BürgerInnen eines Landes wichtig sind. Die Stabilität eines politischen Systems hängt auch von der Versorgung wichtiger Grundbedürfnisse ab, die durch natürliche Ressourcen befriedigt werden können. Gibt es beispielsweise Versorgungsengpässe bei Energieressourcen, müssen sich politische EntscheidungsträgerInnen hierfür verantworten. Können wichtige Energieressourcen nicht im ausreichenden Maße geliefert werden oder steigt der Preis so hoch, dass sich breite Bevölkerungsschichten nicht mehr versorgen können, kann es leicht zu Protesten kommen, die nicht selten zu ausgewachsenen Regierungskrisen führen. Neben Versorgungssicherheit und stabilen Preisen verfolgen Staaten auch strategische Ziele beim Ankauf oder (wenn möglich) Anbau von Ressourcen. Diese Ziele können neben der Versorgung (z. B. Energie oder Nahrung) auch militärischer Natur sein (z. B. nukleare, chemische, biologische Waffen). Wird der Erwerb von manchen natürlichen Ressourcen eher dem Marktgeschehen überlassen, ist der Erwerb von Energieressourcen und anderen strategischen Ressourcen von Staaten strategisch gesteuert und geplant.

Es gibt also gute Gründe, sich mit nationaler Ressourcenpolitik zu beschäftigen. In diesem Buch werde ich beispielhaft auch staatliches Handeln in der internationalen Ressourcenpolitik beleuchten. Gerade Industriestaaten verfügen über finanzielle und institutionelle Möglichkeiten, eigene Interessen bei der Ressourcenverteilung und -nutzung zu verfolgen (Wernert 2019).

Die Ziele globaler Ressourcenpolitik sind nicht leicht zu formulieren, da es keinen einheitlichen politischen Verteilungsmechanismus oder eine Ordnungsstruktur für natürliche Ressourcen gibt. Anders als die globale Sicherheitsarchitektur, die zumindest auf dem Papier im UN-Sicherheitsrat geregelt wird, gibt es keine vergleichbare politische Institution für natürliche Ressourcen. Ein Grund hierfür ist, dass natürliche Ressourcen von vielen Seiten als Ware und nicht als öffentliches Gut (wie etwa Sicherheit) angesehen werden. Ein anderer Grund dafür, warum einheitliche Ziele globaler Ressourcenpolitik zu formulieren so schwerfällt, besteht darin, dass es sich um ein Politikfeld handelt, in dem global gesehen sehr unterschiedliche Ziele und Interessen verfolgt werden. Globale Ressourcenpolitik kann unter Nachhaltigkeits-, Verteilungsgerechtigkeits-, Bedarfsbefriedigungs-, Effizienz-, und Verwertbarkeitsgesichtspunkten verstanden werden. Zwischen einigen dieser genannten Ziele kann es leicht zu Zielkonflikten kommen. Zielkonflikte treten beispielsweise zwischen Nachhaltigkeits- und Verwertbarkeitsgesichtspunkten auf: die Nutzung rentabler Ressourcen wie Öl oder Gas ist oft nicht nachhaltig.

1.1   Akteure globaler Ressourcenpolitik

Das Feld der globalen Ressourcenpolitik wird von sehr unterschiedlichen Akteuren beeinflusst. Zentrale Akteure in der globalen Ressourcenpolitik sind neben dem Staat transnationale Unternehmen. Beispielsweise betreibt das

Öl- und Gasunternehmen Royal Shell Dutch Ressourcenförderung auf sechs Kontinenten (Royal Shell Dutch 2022). An ihren Entscheidungen hängen nicht nur Arbeitsplätze, sondern auch Umwelt- und Menschenrechtsfragen sind eng an die Produktionsbedingungen gekoppelt. Das übergeordnete Ziel transnationaler Unternehmen ist es, Marktanteile zu vergrößern und Gewinne an AnteilseignerInnen auszuschütten. Gerade im Öl- und Gassektor ziehen Unternehmen häufig Kritik hinsichtlich der Umweltverschmutzung und Menschenrechtsverletzungen auf sich. Auch deshalb gibt es wahrscheinlich kein multinationales Unternehmen, das sich nicht zu unternehmerischer Verantwortung für soziale oder ökologische Belange bekennt. Somit sind multinationale Konzerne Schwergewichte in der globalen Ressourcenpolitik und werden von GlobalisierungskritikerInnen für ihre vermeintliche Verantwortungslosigkeit verurteilt. Vielfach formieren sich lokale Protestbündnisse, die sich extraktiven Projekten entgegenstellen.

Neben Unternehmen gibt es große Multistakeholder-Initiativen, die sich im Feld der globalen Ressourcenpolitik betätigen. Diese Initiativen haben zum Ziel, Regierungen, Privatwirtschaft und Zivilgesellschaft für gemeinsame marktwirtschaftliche und gleichzeitig nachhaltige Ziele zusammenzubringen. Die Ziele dieser Organisationen reichen von Ressourceneffizienz bis zu Implementation von Transparenzkriterien. Das von der US-Regierung mitfinanzierte World Resources Institute (WRI) mit Hauptsitz in Washington D.C. berät in den Bereichen Ernährung, Wälder, Wasser, Energie, Städte, Klima und Ozeane. Zu den Aktivitäten des WRI zählen Analyse und Beratung. Die Analyse ist vor allen Dingen datenbasiert und folgt der Maßgabe: „count it, change it, scale it". Mit dem Projekt „Ocean Watch" kartographiert das WRI „ozeanische Ressourcen und Ökosysteme", um ein besseres Management für EntscheidungsträgerInnen zu garantieren (WRI 2023). Die Extractive Industries Transparency Initiative (EITI), die global von über 50 Ländern global unterstützt wird, wurde 2003 unter Federführung des damaligen britischen Premierminister Tony Blair ins Leben gerufen. Die Länder, die sich dem EITI anschließen, verpflichten sich dazu, Öl und Gas sowie mineralische Ressourcen transparent und verantwortlich zu bewirtschaften. Die Länder werden dann anhand der EITI Standards hinsichtlich „Good Governance" evaluiert. Zu den zwölf EITI Prinzipien gehören: besonnene Nutzung natürlicher Ressourcen zur Förderung von nachhaltigem Wachstum und nationalstaatliche Interessenwahrung und Nichteinmischung in nationale Politik (EITI 2018).

Während die Ziele vieler Regierungen und transnationaler Unternehmen in Multistakeholder-Initiativen häufig mit einer Stimme sprechen, gibt es zivilgesellschaftliche Bündnisse, die sich gegen die Ausweitung von neuen Großprojekten zur Ressourcen-Ausbeutung zur Wehr setzen. Kritikpunkte sind besonders die mangelnde lokale Beteiligung der Betroffenen, das Herunterspielen von sozialen Folgen und Umweltschäden, aber auch teilweise mangelnde finanzielle Beteiligung der Betroffenen. Ziele von zivilgesellschaftlichen Bündnissen sind die Bekanntmachung von möglichen Umweltschäden und der Hinweis auf soziale Konflikte, die aufgrund von Großprojekten entstehen. Viele AktivistInnen haben auch über einzelne Blockaden hinaus zum Ziel, für das Ende des globalen Extraktivismus (siehe Abschn. 2.4) zu demonstrieren. Protest kann sich hierbei sowohl in der Planungsphase von extraktiven Projekten, sowie während der Ausbeutung regen. Blockaden oder Straßenproteste sind weit verbreitete Mittel, um Ressourcenausbeutung zu stoppen, andere Gruppen zielen auf das Anlageverhalten von InvestorInnen und rufen zum „Divestment" auf. Proteste gegen die Keystone XL Pipeline, die Öl vom kanadischen Bundesstaat Alberta nach Nebraska bringen sollte, mobilisierte ab 2011 eine breite Allianz zwischen grünen NGOs wie Greenpeace und Friends of the Earth mit indigenen Gruppierungen. In diese Zeit fallen auch große Divestment-Kampagnen an US-amerikanischen und europäischen Hochschulen. Vor allem die Bewegung gegen fossile Energieträger hat in den letzten Jahren deutlich an Dynamik gewonnen, da sie verspricht das Klimaproblem an der „Wurzel" zu packen (Cheon & Urpelainen 2018, S. 3). Allerdings haben soziale Bewegungen häufig das Problem, dass nach Phasen der Mobilisierung der Protest verebbt und nur ein „harter Kern" bereit ist weiter zu machen. Bisher hat der Protest gegen fossile Energieträger einige lokale Erfolge gefeiert. Keystone XL wurde nicht in Betrieb genommen. Global gesehen werden fossile Energieträger aber auf absehbare Zeit einen erheblichen Anteil im globalen Energiemix behalten. Zuletzt wurde im Auge von Krisen mit globaler Wirkung wie der Corona-Pandemie und dem Ukraine-Krieg der Konsum von fossilen Energieträgern noch erhöht. Global wurde 2021 mehr als 82 % der gewonnenen Energie von fossilen Energieträgern in den Energiemix eingespeist. Zum Vergleich waren es zwar noch 1970 94 %. Allerdings ist der Verbrauch von fossilen Energieträgern in absoluten Zahlen in den letzten Jahren nie höher gewesen und ist mehr als doppelt so hoch wie in den 1970er Jahren (Ritchie et al. 2022).

Als ein weiterer zentraler Akteur, der das Feld der Ressourcenpolitik beeinflusst, muss ein Teil der Wissenschaft gesehen werden, der neue Erkenntnisse über natürliche Ressourcen liefert. Die Ressourcenökonomie und die Nachhaltigkeitsforschung sind hierbei die einflussreichsten und meistbeachtesten Disziplinen. Die

Ressourcenökonomie beschäftigt sich damit, welcher ökonomische Nutzen aus der Bewirtschaftung von natürlichen Ressourcen für den Staat, die Wirtschaft und die Zivilgesellschaft entstehen. Eines der meistbeachtesten Konzepte, das aus der Ressourcenökonomie entsprungen ist, lautet „Ressourcenfluch". Dieses Konzept unterstellt einen negativen Zusammenhang zwischen der Gesamtwohlfahrt eines Landes und großen Ressourcenschätzen auf dem Territorium.

Die Nachhaltigkeitswissenschaft orientiert sich an den frühen Erkenntnissen des Club of Rome, der 1972 das berühmte Werk zu den *Grenzen des Wachstums* vorgelegt hatte (Meadows 1972; Dobner und Finkeldey 2022). In den Arbeiten zu planetarischen Grenzen werden unterschiedliche Erdsysteme daraufhin untersucht, inwieweit die Lebensgrundlagen der Menschen gefährdet sind. Für neun Erdsysteme werden Schwellenwerte festgelegt, deren Überschreitung die Gefährdung des „sicheren Handlungsraum für die Menschheit" bedeutet (Rockström et al. 2009). Der Verlust von Biodiversität, chemische Verschmutzung sowie veränderte Landnutzung werden hierbei unter anderem als wesentliche Schwellenwerte betrachtet. Bei neueren Untersuchungen zu dem Konzept der planetarischen Grenzen wird die Extraktion und Produktion von natürlichen Ressourcen als Startpunkt der Auswirkungen auf die Erdsysteme gesehen (Persson et al. 2022).

Globale Ressourcenpolitik ist also das Resultat sehr unterschiedlicher Interessen und Ziele. Während für Staaten Versorgungssicherheit im Vordergrund steht, ist für transnationale Konzerne der Profit am wichtigsten. Multistakeholder-Initiativen zielen vor allen Dingen auf Transparenz und Effizienz. Für soziale Bewegungen stehen die Unversehrtheit und Beteilung von lokalen Akteuren sowie eine saubere Umwelt im Zentrum. Soziale

Bewegungen sind auf dem Gebiet der Ressourcenpolitik die einzigen kollektiven Akteure, die sehr aktiv für eine andere Form der Ressourcenbewirtschaftung eintreten. Die Forschungsliteratur der Erdsystemforschung oder die Postwachstumsliteratur setzt sich zum Ziel, komplexe systemische Zusammenhänge von natürlichen Ressourcen aufzuzeigen und damit auch nachhaltiges politisches Handeln zu begünstigen.

Dieses Buch befasst sich zunächst in Kap. 2 mit der Nutzung und zentralen Dynamiken um globale Ressourcen. Hierfür werden politische Dynamiken, zentrale Merkmale und Eigenschaften natürlicher Ressourcen beleuchtet. Gleich zu Anfang wird auch auf die kolonialen Anfänge der Ressourcenpolitik hingewiesen: Die Kolonialzeit markiert den beginnenden Wettlauf der Großmächte um natürliche Ressourcen. Gleichzeitig bekommen damit natürliche Ressourcen eine globale Dimension. Die kurze Geschichte der Ressourcenpolitik endet mit einem Exkurs über heutige Ressourcenpolitik der USA und Chinas auf dem afrikanischen Kontinent. Hieran anschließend werden Begriffe und Dynamiken der heutigen Ressourcenökonomie diskutiert: Ressourcenknappheit, Extraktivismus und globale Lieferketten.

Das dritte Kapitel stellt fünf politikwissenschaftliche Ansätze der globalen Ressourcenpolitik vor. Dabei wird zunächst ein staatszentrierter Ansatz vorgestellt. Staatliche Lenkungsfunktionen sind auch in der Ressourcenpolitik zentral: hierzu gehören die Möglichkeit Steuern zu erheben oder das Regelwerk für Unternehmen zu bestimmen. Manche Staaten betreiben auch staatseigene Ressourcenunternehmen mit großen Gewinnmargen. Realistische Ansätze in den Internationalen Beziehungen (IB) sind auch staatszentriert, betrachten aber die internationale Staatenwelt. Diese Ansätze sehen vor allen Dingen Macht und Sicherheit als Ziele staatlichen Handels an. Realistische Ansätze legen dabei internationale Eskalation in „Ressourcen-Kriege" nahe. Liberale Ansätze betrachten Ressourcenpolitik durch die Brille von normbasiertem und menschenrechtskonformem Welthandel. VertreterInnen kritischer Ansätze sehen hierbei Ausbeutungsverhältnisse und neo-imperiale Machtstrukturen im Verhältnis von Ländern des Globalen Süden zu Ländern des Globalen Nordens. Schließlich setzen Earth System Governance-Ansätze bei naturwissenschaftlichen Erkenntnissen an und versuchen politische Mechanismen zu finden, die Erdsysteme schützen.

Im vierten Kapitel, das mit „Mein Fußabdruck und die Welt da draußen" überschrieben ist, setze ich mich mit dem Mehrebenensystem der Ressourcenpolitik auseinander. Angefangen mit der individuellen Konsumebene, über die nationalstaatliche Ebene bis in die inter- und supranationale Ebenen wird zu klären sein, wie die Politik natürlicher Ressourcen in der Praxis funktioniert und wie diese Ebenen ineinandergreifen.

Kap. 5 setzt sich mit dem Phänomen des grünen Kapitalismus auseinander. Die Mehrzahl einflussreicher politischer Vorschläge versucht „people, planet, profit" zusammenzudenken. Besonders einflussreich sind hierbei Corporate Social Responsibility (CSR)-Ansätze, die Konzernverantwortung auf freiwilliger Basis regeln möchten. Nachdem ich die Wirkmächtigkeit der CSR-Ansätze für die globale Ressourcenpolitik vorgestellt habe, schlage ich hierzu in Form eines Gedankenexperiments eine Alternative vor. Im Gedankenexperiment geht es um eine Prioritätenverschiebung der Profitorientierung vom wichtigsten zum unwichtigsten Faktor und zur Priorisierung von philanthropischen und ethischen Unternehmenszielen.

Im letzten Kapitel beschäftige ich mich zuletzt mit Lösungsstrategien und Alternativen zum immer höheren globalen Ressourcenkonsum. Als Gegenentwurf zum hier eingeleiteten Gewicht der Politik stelle ich hier einige Lösungskonzepte vor. In der Postwachstumsliteratur werden konkrete Schritte zur Reduzierung des globalen Ressourcenfußabdrucks gemacht: hierzu zählen beispielsweise die Hinwendung zu Gemeinschaftseigentum und die Zurückdrängung von Werbeflächen. Danach stelle ich den Forschungszweig der Gemeinschaftsgüter oder Allmende vor. Unter bestimmten Bedingungen ist es am nachhaltigsten, natürliche Ressourcen selbstorganisiert jenseits von Markt und Staat zu bewirtschaften. Hiernach setze ich mich mit Möglichkeitsbedingungen und Grenzen einer globalen erneuerbaren Energiewende auseinander. Zuletzt erwäge ich noch, welche Rolle soziale Bewegungen und hier besonders „fossil-free social movements" (Finkeldey 2023) zur Beschleunigung der zuvor genannten Prozesse spielen könnten.

Erwähnt sei an dieser Stelle außerdem noch ein begrifflicher und ein geografischer Hinweis. Da viele Studien den Begriff natürliche Ressource synonym mit dem Begriff des Rohstoffs benutzen, verwende ich die Begriffe ebenfalls gleichberechtigt. Geografisch stammen viele Beispiele sowohl aus Afrika und besonders aus Südafrika und aus Europa mit den meisten Beispielen aus Deutschland. Beide Länder und Kontinente werden im Zusammenspiel mit globalen politischen Dynamiken betrachtet. Diese Auswahl begründet sich in meinen eigenen Forschungsschwerpunkten, ist aber auch angesichts des besonderen politischen und ökonomischen Einflusses der beiden Länder auf ihren jeweiligen Kontinenten zu rechtfertigen.

Ich hoffe, dass dieses Buch einen Beitrag zum besseren Verständnis und zukünftig auch zur größeren Beachtung

globaler Ressourcenpolitik, besonders in der Politikwissenschaft, leisten kann. Ziel vieler relevanter Akteure
der Ressourcenpolitik ist eine Verringerung des globalen
Ressourcenabdrucks. Wie sich das globale Gewicht
globaler Politik durch Dynamiken globalen „resource
grabbings" vergrößert und wie durch ressourcenschonende
Politik gegengesteuert werden könnte, wird Teil der
folgenden Kapitel sein.

Literatur

Bleischwitz, R., & Perincek, R. (2015). Ressourcenpolitik.
In W. Woyke & J. Varwick (Hrsg), *Handwörterbuch Internationale Politik* (S. 438–446). UTB.

Blum, S., & Schubert, K. (2018). *Politikfeldanalyse: Eine Einführung* (2. Aufl). Springer VS.

Bringezu, S., Ramaswami, A., Schandl, H., O'Brian, M.,
Pelton, R., Acquatella, J., Ayuk, E. T., Fung Chui, A. S.,
Flanegin, R., Fry, J., Giljum, S., Hashimoto, S., Hellweg, S.,
Hosking, K., Hu, Y., Lenzen, M., Lieber, M., Lutter, S.,
Miatto, A., … Zivy, R. (2017). *Assessing Global Resource
Use: A systems approach to resource efficiency and pollution
reduction*. UN International Resource Panel. https://www.
resourcepanel.org/reports/assessing-global-resource-use.

Bundesministerium für Umwelt, Naturschutz und nukleare
Sicherheit (BMU) (2020). Deutsches Ressourceneffizienzprogramm III – 2020–2023. Berlin.

Bundesministerium für wirtschaftliche Entwicklung und
Zusammenarbeit (BMZ). (2022). *Fragen und Antworten zum
deutschen   Lieferkettensorgfaltspflichtengesetz*. https://www.
bmz.de/resource/blob/60000/84f32c49acea03b883e1223c66
b3e227/lieferkettengesetz-fragen-und-antworten-data.pdf.

Bundeszentrale für politische Bildung. (2018, 23. April).
*Vor fünf Jahren: Textilfabrik Rana Plaza in Bangladesch
eingestürzt*. https://www.bpb.de/kurz-knapp/hintergrund-

aktuell/268127/vor-fuenf-jahren-textilfabrik-rana-plaza-in-bangladesch-eingestuerzt/.

Cheon, A., & Urpelainen, J. (2018). *Activism and the Fossil Fuel Industry* (2. Aufl). Routledge.

Deutsches Ressourceneffizienzprogramm III - 2020 bis 2023

Dobner, P., & Finkeldey, J. (2022). 50 Jahre Grenzen des Wachstums: Eine kritische Würdigung. *Berliner Debatte Initial, 33*(1), 123–134.

Extractive Industries Transparency Initiative. (2018). *The EITI Standard 2016.* https://eiti.org/sites/default/files/attachments/the_eiti_standard_2016_-_english.pdf.

Finkeldey, J. (2023). *Fighting Global Neo-Extractivism: Fossil-Free Social Movements in South Africa.* Routledge.

Klein, N. (2015). *This Changes Everything.* Penguin.

Meadows, D. (1972). *Die Grenzen des Wachstums: Bericht des Club of Rome zur Lage der Menschheit.* DTV.

Persson, L., Carney Almroth, B. M., Collins, C. D., Cornell, S., De Wit, C. A., Diamond, M. L., Fantke, P., Hassellöv, M., MacLeod, M., Ryberg, M. W., Jørgensen, P. S., Villarrubia-Gómez, P., Wang, Z., & Hauschild, M. Z. (2022). Outside the Safe Operating Space of the Planetary Boundary for Novel Entities. *Environmental Science & Technology, 56,* 1510–1521.

Ritchie, H., Roser, M., & Rosado, P. (2022). *Energy.* Our World in Data. https://ourworldindata.org/energy.

Rockström, J., Steffen, W., Noone, K., Persson, Å., Chapin III, F. S., Lambin, E. F., Lenton, T. M., Scheffer, M., Folke, C., Schellnhuber, H. J., Nykvist, B., De Wit, C. A., Hughes, T., Van der Leeuw, S., Rodhe, H., Sverker, S., Snyder, P. K., Costanza, R., Svedin, U., … Foley, J. A. (2009). A safe operating space for humanity. *Nature, 461,* 472–475.

Royal Shell Dutch. (2022). *About us.* Aufgerufen am 9. April 2023, https://royaldutchshellengr.com/about-us.

Wernert, Y. (2019). *Internationale Kooperation in der Rohstoffpolitik.* Springer VS.

World Resources Institute. (2023). *Ocean Watch*. https://www.wri.org/initiatives/ocean-watch.

WU Vienna (2022). Material flows by material group, 1970–2019. Visualisierung basiert auf der UN IRP Global Material Flows Database. Wirtschaftsuniversität Wien. materialflows.net/visualisation-centre.

2

Nutzung und Dynamiken globaler Ressourcen

2.1 Was sind natürliche Ressourcen?

Rohstoffe wie Kohle, seltene Erden oder Wasser werden zu Ressourcen, wenn sie von Menschen zum Konsum bereitgestellt werden. Manche dieser Rohstoffe blieben über Millionen von Jahren ungenutzt und wurden erst durch die wachsende Weltbevölkerung, technische Innovationen und veränderte Lebensstile großflächig genutzt. Die Intensivierung der Warenproduktion im Zuge industrieller Revolutionen im 19. Jahrhundert beschleunigte beispielsweise einen immer größeren Bedarf an Energie durch Kohle. Die Ressourcenpolitik ist nach Dobner „ein von ökologischen, agrarischen, industriellen und sozialen Interessen bestimmtes Politikfeld, dessen Maßnahmen national wie international höchst konflikthaft sein können" (Dobner 2010, S. 929–930).

Natürliche Ressourcen sind durch Kategorien unterscheidbar: in nachwachsende und nicht-nachwachsende

© Der/die Autor(en), exklusiv lizenziert an Springer Fachmedien Wiesbaden GmbH, ein Teil von Springer Nature 2023
J. J. Finkeldey, *Globale Ressourcenpolitik,* Elemente der Politik,
https://doi.org/10.1007/978-3-658-42175-5_2

Rohstoffe, energetische und nicht-energetische Rohstoffe, Recyclefähigkeit, nach saisonaler Abhängigkeit, Ausschließbarkeit vom Konsum oder nach Rivalitäten. Rohstoffe wie Kohle wachsen in für Menschen relevanten Zeiträumen nicht nach. „Peak Oil", also der Zenit der Menge des Öls, das noch abbaubar ist, verschiebt sich allerdings weiter nach hinten, da technische Entwicklung neue Abbaumethoden ermöglicht.

Zu nachwachsenden Rohstoffen gehören beispielsweise Holz oder Mais. Manche Rohstoffe lassen sich durch andere ersetzten: Kohle wurde teilweise von Öl verdrängt. Für andere Rohstoffe wie Wasser gibt es keine Substitute. Einige Rohstoffe wie Holz lassen sich gut recyclen; andere wie Uran nur schwer. Die Transportfähigkeit von Öl ist eher hoch, während andere Rohstoffe wie Wasser schwerer zu transportieren sind. Manche Rohstoffe wie Getreide unterliegen saisonaler Abhängigkeit, andere Rohstoffe wie fossile Rohstoffe hingegen sind von Jahreszeiten unabhängig. Gruppen von Menschen können vom Konsum von Ressourcen beispielsweise durch Privatisierung von Wasser ausgeschlossen werden. Hieraus ergeben sich je nach Knappheit und Begehrtheit der jeweiligen Ressource Rivalitäten, die sich im schlimmsten Fall zu Raub oder Kriegen ausweiten können (Dobner und Finkeldey 2022).

Nimmt man diese Dimensionen zusammen, ergibt sich eine komplexe Matrix, die je nach geophysikalischen Bedingungen und weltpolitischer Lage zu mehr Kooperation oder Konflikten führen können (mehr zu internationaler Konflikthaftigkeit und Kooperationen um natürliche Ressourcen in Kap. 3).

Neben den vorwiegend stofflichen Eigenschaften von natürlichen Ressourcen gibt es auch noch weitere

Bestimmungskategorien für natürliche Ressourcen. Dederer (2021) listet zentrale Charakteristika von natürlichen Ressourcen auf, die sich unmittelbar auf globale Handelsdynamiken auswirken: ungleiche geografische Verteilung, negative Externalitäten, Preisvolatilität und ungleiche Marktmacht. Natürliche Ressourcen sind häufig global gesehen nicht knapp (siehe Abschn. 2.3), allerdings sind die Orte, an denen einzelne natürliche Ressourcen vorkommen, nicht gleichmäßig über den Globus verteilt. Viele natürliche Ressourcen, die global gehandelt werden, sind endlich. Öl- und Gasreserven wachsen innerhalb menschlicher Zeithorizonte nicht nach. Der Abbau natürlicher Ressourcen schafft negative Externalitäten: unerwünschte Nebenfolgen wie Luftverschmutzung und soziale Verwerfungen begleiten den Abbau und die Nutzung von natürlichen Ressourcen. Natürliche Ressourcen unterliegen darüber hinaus auch Preisvolatilitäten. Gerade für Ressourcenökonomien, die sich auf den Verkauf einzelner Ressourcen konzentrieren, können fallende Preise schnell die Gesamtwirtschaft zum Erliegen bringen. Umgekehrt kann es global gesehen zu Nachfrageschocks kommen: Schwellenländer verzeichneten zwischen 2004 und 2007 hohe Wachstumsraten, die die Nachfrage nach natürlichen Ressourcen enorm steigerte und damit Preise in die Höhe schossen. Ein weiterer wichtiger Grund für Preisvolatilität ist, dass mit natürlichen Ressourcen viel Spekulation betrieben wird. Ungleiche Marktmacht einiger Anbieter und Firmen führen des Weiteren zu politischen Abhängigkeitsstrukturen. Die Machtungleichgewichte strukturieren globale Ressourcenpolitik schon seit der Kolonialzeit, wie das folgende Unterkapitel zeigt.

2.2   Von der kolonialen Ausbeutung zur Globalisierung: Eine kurze Geschichte der globalen Ressourcenpolitik

Globale Ressourcenpolitik fällt mit dem Beginn der Kolonialzeit zusammen. Mit dem Aufkommen kolonialer Raubzüge seefahrender Nationen wie Portugal, Spanien und England begann die Ausbeutung von Menschen und Ressourcen im globalen Maßstab. Seit dem 16. Jahrhundert ging die sich global ausweitende koloniale Ausbeutung wesentlich mit Ideologien europäischer Überlegenheit, technischen Entwicklungen und Expansionsdrang der Kolonialmächte einher.

Ausgangspunkt hierfür war die Gründung des modernen Staatensystems, das sich symbolträchtig im Jahre 1648 im Westfälischen Frieden manifestierte. Die meisten europäischen Staaten regelten hierin ihre Souveränität gegenüber anderen Staaten, legten zwischenstaatliche Beziehungen fest und garantierten sich relative Autonomie untereinander. Zentral für die Legitimität von Staaten bleibt bis heute die interne (zumindest passive) Anerkennung der Staatsbürger über die Autorität der Staatsmacht, sowie die Anerkennung durch andere Staaten (Wallerstein 2019, S. 49 ff.). Ohne die daraus resultierende Machtfülle der Monarchien im 17. Jahrhundert, die nun über anwachsende Bürokratien, Einnahmen durch Steuern und militärische Macht verfügten, wäre die koloniale Jagd nach Ressourcen in diesem Maßstab nicht möglich gewesen. Ziel der Kolonialmacht war zunächst „Kontrolle über die Produktionsprozesse in der Kolonie", aber auch in Konkurrenz zu anderen starken Staaten des Weltsystems deren Zugang zu Ressourcen und Märkten zu verwehren (Wallerstein 2019, S. 64).

Bunker und Ciccantell (2005) beschreiben, dass portugiesische Kolonialisten Anfang des 17. Jahrhunderts im Amazonas zunächst versuchten Zucker-Plantagen anzubauen, was unter dortigen klimatischen Bedingungen scheiterte. Der portugiesische Kolonialismus installierte ein brutales Sklavenregime, das für die indigene Bevölkerung häufig zum frühen Tod führte und deren Population schrumpfen ließ:

> Portuguese extraction impoverished both the environment, on whose resources the indigenous populations depended, and the knowledge of how to use those resources. Enslavement, disease, war, flight, and refuge in less fertile environments hugely reduced indigenous populations. (Bunker und Ciccantell 2005, S. 37)

War das Ziel der frühen Kolonialzeit die Gewinnung von Luxusgütern für den Verzehr auf dem europäischen Festland, folgte später mit der zweiten Industriellen Revolution in den Jahren um 1870 eine Phase der Hochindustrialisierung, die Massenfertigung möglich machte und damit den Hunger nach natürlichen Ressourcen antrieb. Die Kombination aus Eisen, Kohle und Dampf brachte europäische Erfinder, Kapitalisten und Ingenieure dazu leistungsstärkere Maschinen zu bauen. Diese Innovationen führten auch zur Entdeckung von wichtigen Ressourcen wie Aluminium und Mangan. Innovationen waren häufig auch Nebenprodukte von militärischer Forschung, die wichtig für die Vormacht-stellung europäischer Staaten war. Im Amazonas fand ein Ansturm auf Kautschuk zur Herstellung von Gummi statt. In der Industrie wurde Gummi zur Herstellung von Trans-missionsriemen und Reifen gebraucht. Gummi wurde außerdem zur Bekleidung genutzt wie für Regenmäntel und Schuhe. Durch die Intensivierung und Ausweitung der Industrie weitete sich außerdem die Machtfülle der Kolonialreiche. Steigende Einnahmen und Nachfrage an Industrieprodukten führte wiederum zur Intensivierung der kolonialen Ausbeutung (Bunker und Ciccantell 2005, S. 39 ff.). Ende des 19. Jahrhunderts, nun in der Phase imperialer Herrschaftsform, beförderte der damalige König Leopold II. im Kongo ein brutales Plantagensystem, um Kautschuk herzustellen zu lassen.[1] Geschätzte 10 Mio. KongolesInnen starben während der belgischen Kolonialzeit auf brutale Weise (Carmody 2016, S. 3).

Auf Einladung des ersten Reichskanzlers des vereinigten Deutschlands Otto von Bismarck teilten sich die Weltmächte 1884-5 in der Berliner Konferenz den afrikanischen Kontinent auf. Damit stärkte Bismarck die deutsche Einheit und zerteilte Afrika (Carmody 2016, S. 2). Die geraden Linien, die bis heute einige afrikanische Staatsgrenzen wie die Angolas markieren, stammen aus dieser Zeit. Das erste Land, das formal die Unabhängigkeit von seiner Kolonialmacht erlangte, war Ghana 1957. Der erste Premierminister Ghanas Kwame Nkrumah warnte nach seinem Amtsantritt, dass die Unabhängigkeit nur die formale politische Unabhängigkeit bei fortwährender politischer Abhängigkeit bedeuten könnte. Tansanias erster unabhängiger Führer Julius Nyerere sprach in diesem Kontext von „Flaggen-Unabhängigkeit", bei der die ökonomische Macht weiterhin bei den früheren Kolonialmächten läge. So unterstützten die USA im Kalten Krieg ihnen wohl gesonnene Diktatoren wie Mobutu Seso Seko im Kongo (damals Zaire), der durch einen Coup Belgiens und der CIA an die Macht gekommen war.

---

[1] Heute wird Gummi aus Rohöl gewonnen (Lüdeke 2019).

Bis heute werden rund drei Viertel der Rohstoffe, die aus Afrika ausgeführt werden, nicht vor Ort weiterverarbeitet. Aufgrund anhaltender Armut in weiten Teilen Afrikas hält die Debatte über die Unterentwicklung Afrikas an. Hierzu gibt es im Wesentlichen drei Erklärungsansätze: Erstens werden afrikanischen Eliten Missmanagement und Korruption vorgehalten. Afrikas Eliten würden unter anderem zu Vetternwirtschaft und „Entzivilisierung" neigen, was den Aufbau bürokratisch-rationaler Staatsapparate unterwandern würde (Tetzlaff und Jakobeit 2005, S. 148–151). Teilweise wird explizit die negative Bestandsaufnahme über das aktuelle Staatswesen in Afrika mit einer positiven Bewertung des Kolonialismus verbunden (Gilley 2017).² Dem gegenüberstehend werden zweitens neo-koloniale Ausbeutungsstrukturen dafür verantwortlich gemacht, dass weiterhin frühere Kolonialmächte und transnationale Unternehmen von den Reichtümern Afrikas profitieren. Hierbei muss bedacht werden, dass China inzwischen größter Handelspartner Afrikas ist (Carmody 2016, S. 5–6). Drittens wird Entwicklungshilfe dafür verantwortlich gemacht, dass Afrika weiter unterentwickelt bleibt. Dambisa Moyo kritisierte in ihrem Buch *Dead Aid* vor allen Dingen bilaterale und multilaterale Entwicklungshilfe (beispielsweise seitens der Weltbank). Entwicklungshilfe behindere Institutionenaufbau und befördere Korruption (Moyo 2009).

---

² Der hier zitierte Artikel wurde nach seiner Veröffentlichung wieder von der wissenschaftlichen Zeitschrift Third World Quarterly von seiner Webseite genommen. Einer der Gründe, der hierfür genannt wurde, ist, dass der Autor Morddrohungen erhalten hatte. Ein weiterer Grund hierfür ist, dass die positive Bewertung des Kolonialismus in dem Artikel eine Welle der Entrüstung ausgelöst hatte, die sich gegen die Zeitschrift selbst richtete.

Exkurs: Die USA und China in Afrika

Anders als in kolonialen Zeiten konkurrieren heute vor allen Dingen die USA und China und ihre jeweiligen Unternehmen auf dem afrikanischen Kontinent um natürliche Ressourcen (Carmody 2016, S. 216). Obwohl Afrika in geostrategischen Überlegungen für die USA und China nicht immer an erster Stelle steht, gibt es zentrale Handels- und Strategieinteressen, die gezielt verfolgt werden. Für die USA stehen Sicherheitserwägungen (hier vor allem Terrorismusbekämpfung) und Energieversorgung auch aktuell immer mehr im Vordergrund ihrer Politik.[3] Zur Erschließung von Energievorkommen sind vor allen Dingen der Golf von Guinea, sowie Öl- und Gasvorkommen vor Mozambique von besonderem Interesse. Als größtes Geberland von Entwicklungshilfe koppeln die USA oftmals ihre Energie-Interessen an die Zahlung von Entwicklungshilfegeldern (Carmody 2016, S. 51). Neuerdings richten die USA ein größeres Augenmerk auf erneuerbare Energien. Hierfür könnte die Just Transition Partnership mit Südafrika als Blaupause dienen. Diese wurde mit der Hoffnung von US-Präsident Joe Biden verknüpft, dass Südafrikas Kohlekraftwerke schneller als geplant geschlossen werden. Gleichzeitig soll hier frühzeitig der Markt für erneuerbare Energien erschlossen werden (Finkeldey 2022).

China löste 2012 die USA als größte Handelsnation mit Afrika ab (Carmody 2016, S. 72). Chinas Interesse an Afrika ist stark auf afrikanische Rohstoffe ausgerichtet, sowohl auf energetische als auch agrarische. China ist auch

---

[3] Ölvorkommen im Golf von Guinea, wo vier Prozent des globalen Öls gefördert wird, werden zunehmend von Piraten ins Auge genommen. Hier fallen aus amerikanischer Sicht ökomische Interessen und Terrorismusbekämpfung ineinander (Asala 2021).

der größte Handelspartner der ölreichen Staaten Angola und Sudan. Für Tansania und Äthiopien ist China gleichfalls wichtigster Handelspartner: diese beiden Länder exportieren besonders agrarische Rohstoffe nach China. Südafrika als größte Volkswirtschaft auf dem Kontinent handelt ebenfalls am stärksten mit der Volksrepublik (CIA 2019). Da Chinas Militärausgaben längst nicht an die US-amerikanischen Ausgaben herankommen und China erst später als die USA und Europa Interessen auf dem afrikanischen Kontinent geltend machte, verfolgt es eine angepasste Strategie. China flechtet in seine Handelsbeziehungen mit afrikanischen Staaten anders als der Westen keine Konditionen für gute Regierungsführung ein (Carmody 2016, S. 79). Dies kann als strategischer Vorteil in der gemischten politischen Landschaft Afrikas gewertet werden. Hier können die USA nicht vollständig hinter ihr selbstgestecktes Ziel zur Förderung von Demokratie auf dem Kontinent zurückfallen.

Die chinesische Außen- und Handelspolitik wird charakterisiert durch *guanxi:* dem gegenseitigen Vertrauen zwischen den Akteuren. China präsentiert sich als Gegenmodell zu westlichen Vorstellungen von Eigentumsrechten. Trotzdem hat China sich an das westliche Wirtschafts- und Handelsmodell angenähert: Strukturanpassungsprogramme in Afrika haben Handelshemmnisse abgebaut und Arbeitskosten reduziert. Ob China bei seiner Rohstoffdiplomatie hingegen nur „soft power" einsetzt, also allein stille Diplomatie, um Ressourcenhandel zu betreiben, kann als umstritten gelten. Handelsverträge für Rohstoffe wie im Sudan wurden auch mit Waffenlieferungen flankiert (Carmody 2016, S. 81). Insgesamt ist der chinesische Ansatz in Afrika flexibler als der US-amerikanische:

Chinese actors adapt their strategies to suit the particular histories and geographies of the African states with which they engage. This is in contradistinction to America's less flexible hegemonic vision of 'free market democracies' globally. Rather than being part of a neo-colonial, realist project based on raw hard power, Chinese actors must negotiate resource and market access through cooperation with African state elites. (Carmody 2016, S. 82-83)

Die Arbeitsbedingungen für afrikanische ArbeiterInnen, die für chinesische Unternehmen arbeiten sind teilweise problematisch (Carmody 2016, S. 76). Die AfrikanerInnen mit chinesischem Chef klagen häufig über schlechte Arbeitsbedingungen, gewalttätige Übergriffe und Feindlichkeit gegenüber Gewerkschaften (Mbamalu 2021). Aufgrund eines niedrigen Lohnniveaus in China konkurrieren chinesische ArbeiterInnen auch teilweise mit AfrikanerInnen auf afrikanischen Arbeitsmärkten – dies führt durchaus zu Konflikten (Carmody 2016, S. 77).

Der hier beschriebene neue Wettlauf um afrikanische Ressourcen bildet sowohl neue globale Kräfteverhältnisse ab, drückt aber auch die Zuspitzung von Konflikten um knapper werdende Ressourcen aus. Um allerdings den Blick auf Knappheit zu schärfen, sollten wir nochmal einen kleinen Schritt zurückgehen, denn Knappheit muss je nach natürlicher Ressource und politischer Konstellation unterschiedlich betrachtet werden.

2.3 Ressourcenknappheit oder Ressourcenfülle?

„How the world ran out of everything" (Chokshi und Goodman 2021), „Handwerkskunden bekommen Rohstoffknappheit zu spüren" (Spiegel 2021), „Weltrohstoffkrise" (Focus 2021) – wer diese Schlagzeilen liest könnte meinen, dass die Weltwirtschaft bald aufgrund von Ressourcenmangel kollabieren wird. Darauf deutet aber wenig hin – wahrscheinlicher ist die Übernutzung von bestehenden Ressourcen und das teilweise Ausweichen auf alternative Ressourcen, die bisher weniger verwendet wurden. Die meisten natürlichen Ressourcen sind auch bis heute nicht knapp, sondern global ungleich verteilt. Trotzdem gibt es einige Ressourcen wie Frischwasser und Land, die in Teilen der Welt knapp werden.

Häufig wird von globaler Knappheit im Zuge des Bevölkerungswachstums gesprochen. Die Befürchtung ist, dass auf einem stark bevölkerten Planeten nicht genug Rohstoffe für alle zur Verfügung stehen. Doch wie realistisch ist diese Perspektive? Paul Ehrlich schickte bereits Ende der 1960er Jahre eine Warnung an zukünftige Generationen: Sofern das Bevölkerungswachstum nicht gebremst werden könnte, würde der „Krebs" der Überbevölkerung den Planeten auslöschen. Notfalls müssten Zwangsmittel ergriffen werden (Ehrlich 1988 [1968], S. xii). Lag die Weltbevölkerung damals noch unter 4 Mrd. Menschen, liegt sie heute bei gut 8 Mrd. Menschen (Rudnicka 2022). Zunächst einmal müssen die Zahlen ins Verhältnis gebracht werden. Zwar stimmt es, dass die weltweite Population weiterhin steigt, doch nicht jedes neugeborene Kind hat denselben Effekt auf den Ressourcenschwund: „The average amount of CO_2 added per child in the United States, for example, is 169 times as large as that in Bangladesh" (Murtaugh 2015). Eine zentrale Frage scheint daher zu sein, wie wir in der Zukunft produzieren und konsumieren. Eine Bevölkerungsvorhersage des Club of Rome besagt, dass das

Bevölkerungswachstum um das Jahr 2040 abflachen wird (Randers 2012, S. 87–88).[4]

Was impliziert das Schreckensszenario von steigender Bevölkerung und knapper werdenden Ressourcen? In diesem Kontext ist die Unterscheidung von relativer und absoluter Knappheit entscheidend. Ressourcen können an einem Ort in Relation zu einem anderen Ort knapper sein. Auch gibt es, saisonal bedingt, Ressourcen wie Agarprodukte, die über das Jahr manchmal knapper werden und zu anderen Zeiten reichlich verfügbar sind. Bei nicht-nachwachsenden Ressourcen ist das anders: Relativ zur Vergangenheit gibt es weniger Rohöl, da es in menschlichen Zeithorizonten nicht nachwächst. Bezieht man allerdings Rohöl aus der Tiefsee und Schieferöl mit ein, könnten aktuelle Fördermengen noch über Jahrzehnte beibehalten werden – sehr viel länger, als es angesichts der Klimakrise vernünftig wäre. Relativ zur sicheren Nutzung von fossilen Brennstoffen sind diese Ressourcen also nicht knapp.

Ressourcenökonomisch richtet sich Knappheit nach Angebot und Nachfrage: Wenn eine natürliche Ressource höher nachgefragt wird als sie vorkommt, ist sie absolut knapp. Für ökonomische Ansätze spielt der Preis einer Ressource ebenfalls einen bestimmenden Einfluss: Verteuert sich der Weltmarktpreis, dann kann sich für Käufer daraus Knappheit ergeben. Umgekehrt entspannt sich die Knappheit, wenn der Preis für einen Rohstoff wieder sinkt. Die ökonomische Perspektive lässt aber außer Acht, dass Knappheiten auch durch politische Konfliktlinien vergrößert werden können.

---

[4] Hierzu führt Randers (2012, S. 88) aus: „Das Stagnieren und Abnehmen der Weltbevölkerung wird nicht in erster Linie die Folge von Hunger, Umweltverschmutzung oder Seuchen sein, sondern das Ergebnis einer in Milliarden von Haushalten des urbanen Milieus getroffenen freiwilligen Entscheidung, weniger Kinder zu haben."

Selbst „seltene" Erden sind nicht selten. So beginnt eine ausführliche Studie über diese wichtigen Rohstoffe mit den Worten: „Rare earths are not rare. Because they were unknown at the time of their discovery – as most things are – they were presumed to be rare" (Klinger 2017, S. 1). Seltene Erden werden in moderner Technologie in Elektromotoren, Lautsprechern und zahlreichen anderen technischen Anwendungen verwertet. Global sind seltene Erden allerdings ungleich verteilt. Die Produktionsstätten von seltenen Erden liegen zu einem großen Teil in China, wo derzeit rund 65 % der seltenen Erden abgebaut werden. Rund 33 % der Förderung erstreckt sich über die restlichen Förderländer, zu denen Australien, Vietnam, Brasilien, Indien, Kasachstan, Malaysia, Russland, Südafrika und die Vereinigten Staaten gehören (Marscheider-Weidemann et al. 2021, S. 303–304; Institut für Seltene Erden und Metalle, n. d.). Auch die oft als selten beschriebenen Ressourcen wie Gold oder Diamanten sind nicht tatsächlich knapp. Gold und Diamantenförderung wird von Großkonzernen stark reguliert, damit der Preis nicht abrutscht.

Absolute Knappheit beschreibt einen Zustand, der selbst bei optimaler Verteilung Mangel bedeutet. Die Gefahr von absoluter Knappheit ist bei nicht-erneuerbaren Ressourcen am höchsten. Welche Ressourcen sind also auch absolut gesehen knapp? Begibt man sich auf die Suche, dann stößt man auf die Knappheit von Frischwasser und Land für agrarische Nutzung.

Frischwasser: Nur knapp drei Prozent des globalen Wassers ist trinkbar. Laut Prognosen könnte bereits 2025 die Hälfte der Weltbevölkerung in wasserknappen Regionen leben (Oxfam 2023). Da Frischwasser nur schwer zu transportieren ist, gibt es Weltregionen, die an absolutem Wassermangel leiden. Zwar verschwindet nicht einfach global das Wasser, aber der Verschmutzungsgrad von Wasser wird durch industrielle Produktion immer größer. Außerdem verschieben sich bedingt durch sich verändernde Niederschlagsmuster die Vorkommen von Wasser. Da Frischwasser nicht substituierbar (ersetzbar) ist, zeichnen sich globale Knappheiten in vielen Weltregionen ab. Vom Wassermangel betroffen sind besonders die Regionen Nahost, Nordafrika und West-Asien. Zu den Ländern, für die 2040 der größte Wassermangel vorausgesagt wird, zählen Bahrein, Kuwait, Palästina, Katar, Israel und Saudi-Arabien (Luo et al. 2015). Als Reaktion auf den akuten Wassermangel befinden sich im Arabischen Golf 50 % der global existierenden Entsalzungsanlagen. Entsalzungsanlagen haben aber gleichzeitig negative Auswirkungen auf die marine Umwelt, da sie den Salzgehalt des Meeres erhöhen (der Salzgehalt der Schlacke ist bis zu zweimal höher als im Meer), Schwermetalle ins Wasser absondern und die Wassertemperatur steigen lassen, da das Abwasser rund 1,5fach wärmer ist als das angepumpte Meereswasser (Hosseini et al. 2021). Entsalzungsanlagen sind ebenfalls energieintensiv und lassen Treibhausgase während der Produktion entweichen. Unbeabsichtigt verenden auch zahlreiche Meereslebewesen durch die Verlegung von Rohren und bei der Ansaugung des Meerwassers. Entsalzungsanlagen können das Problem von Wasserknappheit zwar punktuell lösen, gleichzeitig verursachen sie aber nicht unerheblichen Schaden. Für wasserknappe, küstenferne Regionen erscheinen Entsalzungsanlagen sowieso nicht als geeignete Lösung, da Wasser in großen Mengen nicht leicht transportierbar ist. Aus der Wasserknappheit ergeben sich unterschiedliche Szenarien für Migration, Ernährungssicherheit und den Ausbruch von Krankheiten. Trinkwasserknappheit wird immer mehr Weltregionen unbewohnbar machen. 2011 sind mehr als 250.000 Menschen bei einer Dürreperiode in Somalia gestorben. Dort sind heute ungefähr 90 % der

BewohnerInnen von Wassermangel betroffen. Die Wasserknappheit ist auch verantwortlich für den Verlust von Vieh (Oxfam 2022).

Landnutzung: Drei Viertel der globalen Landflächen sind im letzten Jahrhundert durch den Menschen verändert worden (Winkler et al. 2021, S. 2). Die Landnutzungsänderungen beschleunigten sich besonders nach 1960 global. Dieser Trend hat sich erst um das Jahr 2005 verlangsamt. Allerdings zeigen sich unterschiedliche Befunde im globalen Süden im Vergleich zum globalen Norden. Während sich in Europa, Russland und den USA Wälder wieder ausbreiten und die Ackerflächen reduziert werden, intensiviert sich die Waldrodung in Ländern wie Indonesien und Brasilien. Die Änderung der Landnutzung hat global unterschiedliche Beweggründe. Zum Beispiel gab es in China Bewaldungsprogramme, Agrarland in Europa und den USA wurde verlassen, sodass es sich renaturieren konnte. Auf der anderen Seite fand die massive Rodung des brasilianischen Amazonas für Soja, Rinderzucht und Rohrzucker statt (Winkler et al. 2021, S. 3).

Wenn über Ressourcenknappheit gesprochen wird, meint man oft eigentlich Lieferengpässe, Lieferrisiken oder Versorgungsengpässe. Für manche Ressourcen werden Ausfallrisiken mithilfe von Indikatoren gemessen. Beispielsweise führen die Europäische Union und einige Länder wie Deutschland Listen über kritische Rohstoffe, die sie als zentral für ihre Wirtschaft betrachten und die nicht in ausreichender Menge in den Territorien auftreten. Die deutsche Rohstoffagentur (DERA) bereitet unterschiedliche Zukunftsszenarien für politische EntscheidungsträgerInnen auf (Marscheider-Weidemann et al. 2021). Die Zukunftscluster sind: Mobilität und Raumfahrt, Digitalisierung und Industrie 4.0, Energietechnologien und Dekarbonisierung, Kreislauf- und

Wasserwirtschaft sowie Strom- und Datennetzwerke. Hierbei werden für unterschiedliche „Shared Socioeconomic Pathways" (SSPs) Szenarien entwickelt: Nachhaltigkeit, Mittelweg und der fossile Pfad werden mit Nachfragemustern unterschiedlicher Ressourcen zugeordnet. Manche Ressourcen wie Lithium werden vor allen Dingen bei einem nachhaltigen Pfad gebraucht (als Hochleistungsspeicher und für Feststoffbatterien). Andere Rohstoffe wie Platin würden besonders unter Beibehaltung des fossilen Szenarios benötigt (wahrscheinlich, da das Metall für den Auto-Katalysator bei Verbrennern und Zündkerzen verwendet wird). Schließlich gibt es Rohstoffe wie Germanium, die bei allen Szenarien gleichermaßen gebraucht werden.

Grundbedingung für das Nachhaltigkeitsszenario ist, dass es starke Regulierungen für Landnutzung und Schadstoffe geben muss, sowie starke und effektive Institutionen. Der fossile Pfad hingegen ist gegenüber der Emission von Schadstoffen einigermaßen ignorant und stellt den freien Markt und technische Lösungen vor politische Lösungen.

Die unlösbare Schwäche dieser Zukunftsszenarien ist, dass sie unweigerlich nicht voraussagen können, welche Nachfragetrends in der Zukunft einsetzen werden oder welche Materialien aufgrund von Innovationen ersetzbar werden.

2.4   Extraktivismus und Globaler Neo-Extraktivismus

Das Wort Extraktion kommt aus dem Lateinischen und bedeutet „Herausziehen" oder „Entfernen". Extraktivismus bezeichnet ein Wirtschaftsmodell, das auf den Export von Rohstoffen zielt, in der Praxis aber Wirtschaft, Mensch und Natur der Exportnation in große Schwierigkeiten bringt (Finkeldey 2023; Burchardt & Peters 2019). Die koloniale Ausbeutung Lateinamerikas, Asiens und Afrikas bereitete den Weg für den Extraktivismus des 21. Jahrhundert. Mensch und Natur wurden in diesen Erdteilen zur Bereicherung der Kolonialstaaten ausgebeutet. Der Extraktivismus hat sich seitdem aber auch durch technologische Entwicklung gewandelt: Der koloniale Extraktivismus war größtenteils mechanisch und durch Zwangsarbeit vorangetrieben. Im Zuge der industriellen Revolution kamen nicht nur die ersten Maschinen für Ölbohrungen, sondern auch die ersten Kunstdünger zum Einsatz; auch der Verbrauch an Energie und Wasser vervielfachte sich. Mit der Zeit wächst auch die Größe der Maschinen: Bagger, Trucks, Cargo-Schiffe und Erntemaschinen machen den Umschlag und Transport großer Mengen an Rohstoffen möglich. Heute beschleunigt das „Vierte Maschinenzeitalter", das die digitale Vernetzung verschiedener Produktionssysteme durch das Internet untereinander beschreibt, den Output und macht neue Formen der Ausbeutung möglich: Durch Fracking-Technologien können beispielsweise Schiefergasbohrungen oder synthetisches Rohöl aus Ölsand gefördert werden (Gudynas 2020, S. 12 ff.).

Im 21. Jahrhundert haben sich auch viele politische Vorzeichen geändert. Kolonialreiche gibt es nicht mehr. Der Bedarf nach Ressourcen ist allerdings enorm angewachsen. Auch gibt es eine große Nachfrage nach „neuen" Ressourcen, verdeutlicht im Anbau von Monokulturen wie Sojabohnen, Ölpalmen oder Biokraftstoffen (Svampa 2020, S. 8). Darüber hinaus hat der Extraktivismus neue Dimensionen hinzugewonnen, die Maristella Svampa dazu bringen, dem Extraktivismus ein „Neo" voranzustellen. Die Neuartigkeit des Extraktivismus zeigt sich in Debatten seit einem Jahrzehnt besonders auch durch eine Erweiterung der Perspektive: Erfahrungen ländlicher lateinamerikanischer Bevölkerung, die sich an der Frontlinie von Bergbau-, Monokultur-, Öl- oder Gasprojekten befinden, werden in die Analyse mit einbezogen. Auf der einen Seite finden sich transnationale und staatliche Unternehmen, die neue Abbaugebiete für den Export von Rohstoffen erschließen und damit die Existenzgrundlage der Landbevölkerung gefährden. Neu sind hierbei nicht nur die Ressourcen, sondern auch die Konfliktlinien, die sich bei der Ausbeutung der Ressourcen zeigen.

> Es ist klar, dass es sich hierbei nicht um ein ganz neues Phänomen handelt, da die Ursprünge des Extraktivismus zweifellos auf die europäische Eroberung und Kolonisierung Lateinamerikas und den damit einsetzenden Kapitalismus zurückzuführen sind. Allerdings erhielt das Phänomen des Extraktivismus in der Hitze des jungen 21. Jahrhunderts eine neue Dimension, nicht nur in objektiver Hinsicht – wegen der Anzahl und des Ausmaßes extraktivistischer Projekte und Aktivitäten sowie der beteiligten nationalen und transnationalen Akteure –, sondern auch in subjektiver Hinsicht – aufgrund des Entstehens großer sozialer Widerstände, die den schwindelerregenden Vorstoß der Rohstoffgrenze infrage stellten, und angesichts der Konflikte um die Verteidigung alternativer Werte – Boden, Territorium, Gemeinschaftsgüter, Natur –, in deren Rahmen allmählich alternative Sichtweisen und Narrative ausgearbeitet wurden (Svampa 2020, S. 8).

Der Neo-Extraktivismus bringt sowohl auf der Seite derer, die ihn befördern, als auch bei denen, die ihn bekämpfen, neue Akteure hervor. Zunächst einmal ist zu sagen, dass der spezifisch lateinamerikanische Extraktivismus des 21. Jahrhunderts sowohl von progressiven als auch konservativen Regierungen befördert wurde. Waren linke Bewegungen in den 1960–1970er Jahren kritisch gegenüber der Exportorientierung bei der Ausbeutung natürlicher Ressourcen und der sich anbahnenden Globalisierung allgemein, gab es Anfang des 21. Jahrhunderts ein Umdenken. Extraktivismus wurde als Entwicklungsstrategie nun befürwortet. Hierbei bediente man sich der Strategie des „Ressourcennationalismus", der eine aktive Rolle des Staates vorsieht. Progressive Regierungen zeichnten sich dadurch aus, dass sie Gewinne aus dem Bergbau als „Ausgleichsmechanismus" an die breitere Bevölkerung weitergaben (Gudynas 2011). Zur letzten Welle des „Progresismo" zählten charismatische PolitikerInnen wie Evo Morales in Bolivien, Rafael Correa in Ecuador, Hugo Chávez in Venezuela und der wiedergewählte Lula da Silva in Brasilien. Während der ersten Amtsperiode Lula da Silvas in Brasilien (2003–2011) stieg die Bauxit- und Eisenproduktion signifikant, was Lulas Handlungsspielraum deutlich vergrößerte (Gudynas 2011, S. 71). Die Staatschefs des „Progresismo" also vereinte eine Entwicklungs- und Wirtschaftsstrategie, die vier Merkmale verbindet:

(1) Die Intensivierung und Expansion der Rohstoffextraktion; 2) die Stärkung der Rolle des Staates bei der Extraktion und der Aneignung der Rohstoffeinnahmen; 3) eine Veränderung der Verteilungsmodi der Rohstoffeinnahmen zugunsten der Bekämpfung von Armut und sozialen Ungleichheiten; sowie 4) ein hohes Maß an demokratischer Legitimität und sozialer Unterstützung für das Entwicklungsmodell (Burchardt und Peters 2019; siehe auch Burchardt und Dietz 2014).

Dieses Wirtschafts- und Gesellschaftsmodell ist export- und wachstumsorientiert.[5] Ausländisches Kapital wird hierbei ausdrücklich begrüßt. Da aber Bergbauerzeugnisse und die Ölindustrie extrem vom Marktgeschehen abhängig sind, funktioniert das Modell besonders dann gut, wenn der Preis für die jeweilige Ressource hoch ist. Probleme treten auf, wenn der Preis einer Ressource, die die wesentliche Einkommensquelle ausmacht, sinkt oder die Produktion stockt. Venezuela, dessen Wirtschaft sehr stark vom Ölexport abhängig ist und in den vergangenen Jahren sein Öl nur schwer absetzen konnte, hat im Zuge des Ölembargos gegen Russland wieder gesteigertes Interesse seitens des US-amerikanischen Marktes erhalten (Constable 2022).

Der Begriff des Neo-Extraktivismus ist als Reaktion auf die spezifische Ressourcenpolitik lateinamerikanischer Regierungen formuliert (z. B. Svampa 2020; Gudynas 2020; Veltmeyer und Petras 2014). Inwieweit kann also dieser Begriff Auskunft über andere Kontexte außerhalb Lateinamerika geben? Schließlich kann Lateinamerikas auch nicht als wirtschaftliche Einheit verstanden werden: Venezuela (Öl), Bolivien (Gas), Peru und Chile (Bergbau) unterliegen einer „Tendenz zur Monoproduktion", während Brasilien einen diversifizierten Rohstoffsektor

---

[5] Eduardo Gudynas schlägt eine ähnliche, aber etwas schlankere Definition vor, die sich nicht auf Umverteilung bezieht. Extraktivismus ist laut Gudynas durch drei Charakteristika gekennzeichnet. Ein Staat muss erstens ein hohes Volumen beim Abbau der Ressourcen aufweisen, das ein umweltschädliches Niveau erreicht; zweitens wenig oder im geringen Maße die Ressourcen heimisch verarbeiten und drittens mindestens 50 % der Ressourcen exportieren (Gudynas 2020, S. 8). Dabei ist für Gudynas wichtig, dass alle drei Charakteristika erfüllt sein müssen. Der Abbau von Sand und Kies für den heimischen Gebrauch wird zwar häufig intensiv betrieben und es findet wenig Verarbeitung statt, aber solange nicht mindestens die Hälfte exportiert wird, läge laut Gudynas kein Extraktivismus vor.

aufweist. In Brasilien wird im großen Stil Bergbau betrieben, Rohöl gefördert und Soja angebaut (Svampa 2020, S. 23). Orientiert man sich an der Definition von Burchardt und Dietz (2014), dann zeigt sich, dass sich durchaus Charakteristika des Neo-Extraktivismus in manchen Ressourcenökonomien Afrikas aufzeigen lassen. Exportorientierung von primären Rohstoffen gibt es in vielen rohstoffreichen Ländern Asiens und Afrikas. Die Wiederbelebung des Staates als wichtiger Akteur ist schwieriger nachzuweisen. Zumindest in weiten Teilen Afrikas hat der Staat nicht die gleiche Funktions-fähigkeit wie in Lateinamerika. Auch findet anders als in Lateinamerika keine groß angelegte Umverteilungs-politik aus Bergbau- oder Ölerträgen statt. Länder mit hohen Ressourcengewinnen neigen eher zu Klientelismus und *rent-seeking*, somit gelangen Ressourcenerträge nicht unbedingt bei der breiten Bevölkerung an, sondern bereichern vorwiegend eine kleine Elite. In der Zusammenschau ist afrikanische Staatlichkeit somit häufig von Tendenzen des Neopatriomonialismus geprägt. Dieser hat laut Tetzlaff und Jakobeit (2005, S. 128) drei Charakteristika:

„– der *personale* Charakter des obersten Gewaltherren, für den es keine Gesetze für Wahl und Abwahl, Amtsein-setzung und Amtsenthebung gibt;
– das Prinzip der *Reziprozität* von Nutzen im Verhält-nis zwischen Patron und seiner Klientel; es handelt sich um einen Tausch: politische Loyalität gegen materielle Ver-günstigungen, wobei die Grenze zwischen Amtspflicht und Korruption (Vorteilsnahme) fließend ist;
– die *Zentralisierung* von Ämtern und Kompetenzen und besonders die fehlende institutionelle Trennung zwischen Staatshaushalt und Präsidentenschatulle, was

Machtkontrolle und öffentliche Ausgabensteuerung durch eine zweite Gewalt (Parlament) zur Farce macht."

So wie für Lateinamerika der Begriff des Neo-Extraktivimus Plausibilität erlangt hat, so strukturiert der Begriff des „Ressourcenfluchs" die Debatte afrikanischer Ressourcenökonomien (Collier 2010). „Ressourcenflüche" verweisen auf das Phänomen, dass hohe Einnahmen von natürlichen Ressourcen Erosionsprozesse im Staatswesen herbeiführen. Afrikanische Staatlichkeit sei dieser Lesart nach zu jung (nicht konsolidiert), um ihre Ressourcen nachhaltig zu bewirtschaften. Durch teilweise abrupte Dekolonisierung hatten afrikanische Staaten wenig Zeit sich neu zu formieren: Hohe Ressourcenerträge erreichten nur in den Ländern die breiten Massen, wo staatliche Institutionen durch Gewaltenteilung kontrolliert werden und rechenschaftspflichtig sind. Nicht jede Ressourcenökonomie in Afrika ist aber gleichermaßen vom „Ressourcenfluch" betroffen. Südafrika ist tief verwoben in globale Ressourcenströme und ist weltweiter Drehpunkt *(gateway)* von Ressourcenexporten (Finkeldey 2018). Die Wichtigkeit des heimischen Bergbausektors für den Wohlstand der Nation wird von der staatlichen Elite immer wieder betont. Platinum, Eisen und Titan aus Südafrika sind beispielsweise wichtige Importgüter für die deutsche Wirtschaft. Staatliche Bergbau- und Ölunternehmen wie in Venezuela oder Brasilien (Petrobras) oder Venezuela (Petróleos de Venezuela (PDVSA)) gibt es in gleichen Größenordnung in Südafrika nicht. Allerdings zählt das südafrikanische Energie- und Chemieunternehmen Sasol weltweit zu den größten Kohleproduzenten. PetroSA ist ein öffentliches Öl- und Gasunternehmen, das Öl- und Gasvorkommen vor der Küste des Landes ausbeutet. Im

Globalen Süden zählt Südafrika zu den Staaten mit den umfangreichsten Sozialprogrammen. Allerdings wird kritisiert, dass soziale Zuwendungen auch als Bestechung von WählerInnen genutzt werden: der regierende African National Congress (ANC) hatte zu Wahlkampfzeiten z. B. Essenspakete verteilt (Patel 2016). Obwohl Südafrika weiterhin eines der Länder mit der am stärksten ausgeprägten Ungleichheit der Welt ist, werden dort Ressourcenrenten an ärmere Bevölkerungsschichten wie in Lateinamerika weitergegeben.

Ziehen wir ebenfalls Svampas' Kriterium der steigenden Konflikthaftigkeit um den Neo-Extraktivismus heran, kann auf neue zivilgesellschaftliche Formationen verwiesen werden, die eine Abkehr vom herrschenden Entwicklungs- und Wachstumsparadigma in den Blick nehmen. Wie in Lateinamerika, wo sich soziale Bewegung zum „buen vivir" (guten Leben) bekennen und dabei auch Rechte für die Natur einfordern, gibt es in Südafrika zivilgesellschaftliche Allianzen, die Umweltgerechtigkeit fordern. Die Umweltgerechtigkeitsbewegung formierte sich Anfang der 1980er Jahren in den USA vor dem Hintergrund der strukturellen Benachteiligung der schwarzen Bevölkerung beim Zugang zu sauberer Luft und einer gesunden physischen Umwelt. Auch in Südafrika lebt ein Großteil der schwarzen Mehrheitsbevölkerung in häufig gesundheitsgefährdeten Einzugsgebieten. Große Teile der Umweltgerechtigkeitsbewegung stehen wirtschaftlichem Wachstum kritisch gegenüber. Wichtig ist es ihnen zufolge eine neue Balance zwischen Menschen und Natur zu finden. Natürliche Ressourcen sollten demnach nicht übernutzt und kommerzialisiert, sondern als Gemeinschaftsgüter bewirtschaftet werden (siehe auch Abschn. 6.2).

Infobox 1: Enklavenökonomie und Ressourcenfluch

Enklavenökonomien sind besser in die globale Wirtschaft eingebunden als in die heimische. Gudynas (2020, S. 17) vergleicht daher auch große Bergbau- oder Ölprojekte mit Inseln im eigenen Staat. Gerade in Schwellen- und Entwicklungsländern ist die Hoffnung auf wachsenden Wohlstand in der Bevölkerung häufig groß. Da Regierungsparteien wiedergewählt werden wollen, versuchen sie kurzfristig ihre Machtbasis zu sichern und auszuweiten. Bei der Verteilung von Ressourcen sind ihnen institutionelle, rechtliche und machtpolitische Schranken gesetzt. Hohe Ressourceneinnahmen vergrößern aber die Handlungsmacht von Regierungen und erhöhen die Versuchung von Klientelismus und Korruption. Zentrale Strategie des Neo-Extraktivismus ist, dass Armut und soziale Ungleichheiten mit Einnahmen aus Bergbau, Ölexport oder Anbau von Monokulturen bekämpft werden. In der Konsequenz kann es zu Enklaven kommen, in denen der Ressourcen-Abbau besonders gefördert wird, während gleichzeitig die Entwicklung anderer Landesteile mitunter vernachlässigt wird. Aufgrund der Enklavenökonomie kann eine „Dutch Disease" entstehen. Diese „Krankheit" befällt dann eine Ökonomie, wenn sich im besonderen Maße auf eine Ressource spezialisiert wird. Durch hohe Ressourcen-Exporteinnahmen steigt der Wert der heimischen Währung. Allerdings verteuert die starke Währung den Export anderer Produkte, die dann oft durch billigere Importe ersetzt werden.

Enklavenökonomien kämpfen mit zyklisch fallenden Preisen für natürliche Ressourcen. Je größer die Abhängigkeit von einer Ressource, desto schwerer trifft eine Volkswirtschaft fallende Preise dieser Ressource. Auf Jahre der Prosperität bei hohen Preisen für eine Ressource folgen Perioden der wirtschaftlichen Stagnation oder Depression. Enklavenökonomien sind daher sehr anfällig für „Boom n' Bust" – wirtschaftlicher Aufschwung gefolgt von sinkender Wirtschaftsleistung.

Globaler Neo-Extraktivismus?

Ist es heute sinnvoll, von globalem Neo-Extraktivismus zu sprechen, oder sollte der Terminus für eine bestimmte politische Akkumulationsstrategie in Lateinamerika vorbehalten werden? Chagnon et al. (2022, S. 767–768) geben drei Gründe für den Begriff des globalen Extraktivismus. Erstens würden die Auswirkungen des Extraktivismus heute das alltägliche Leben der allermeisten Menschen und anderer Lebewesen auf der Welt beschränken oder zumindest in Bedrängnis bringen (allerdings sei der Druck nicht für alle gleich). Zweitens hätte sich der extraktive Akkumulationsmodus weltweit durchgesetzt und Ausbeutungsmechanismen verstetigt. Dies sei immer noch an dem Abfluss von Ressourcen aus dem Globalen Süden zur Inwertsetzung im Globalen Norden sichtbar. Drittens richte der Terminus globaler Extraktivismus das Augenmerk auf neue extraktive Grenzen wie in der Arktis.

Ich plädiere ebenfalls dafür, die Ressourcenstrategien abseits Lateinamerikas unter dem Begriff des globalen Neo-Extraktivismus zu fassen. Zwar spricht einiges für die singuläre politische Strategie des lateinamerikanischen „Progresismo", doch ist die Erfahrung des Raubbaus an der Natur durch Megaprojekte der Öl-, Gas- und Bergbauindustrie ein global verbindendes Element von immer mehr betroffener ländlicher Bevölkerung.

Verbindend ist auch der Weltmarkt für natürliche Ressourcen, der auf neue Absatzmärkte wie E-Mobilität reagiert. Daher lohnt es sich, auf neue globale Formen des Kapitalismus durch die Brille des globalen Neo-Extraktivismus zu schauen. Verbindend am Phänomen des globalen Neo-Extraktivimus ist die Erkenntnis, dass die Kapitalform zum ersten Mal in der Geschichte tatsächlich global ist (Arboleda 2020, S. 8 ff.). Karl Marx hat in „Das Kapital", seinem Jahrhundertwerk zur politischen Ökonomie, die Warenform als Grundform des kapitalistischen Wirtschaftens erkannt. Neben dem Gebrauchswert einer Ware (beispielsweise Lithium zur Herstellung von Batterien) gibt es einen Tauschwert der Ware (bei Marx bemessen an der in die Herstellung der Ware geflossenen Arbeitszeit). Dieser Tauschwert der Ware kann sich entweder durch Warentausch ausdrücken (etwa Brot gegen Leinen) oder durch ein allgemeines Tauschmittel (etwa Geld). Kapital bezeichnet dabei den beim Warenverkauf angehäuften Mehrwert (der sich bei Marx aus dem Ausbeutungsgrad der ArbeiterInnen bemisst). Zunächst gab es den Teil der westlichen Welt, in dem die Warenform vorherrschte, und einen anderen Teil, aus dem Rohstoffe aus den Kolonien zur Warenproduktion räuberisch entwendet wurden. Die Kolonien waren lediglich Ressourcenquelle und nicht Absatzmarkt für Kolonisatoren. Die Warenform hat sich seit jeher über den Globus ausgedehnt: In jedem Erdteil gibt es Absatzmärkte für die verschiedensten Waren. Nicht nur Coca-Cola lässt sich in noch so abgelegenen Dörfern der Welt kaufen. Für die sich verändernde Größenordnung in der Produktion ist auch das „Vierte Maschinenzeitalter" verantwortlich. Dieses aktuelle Zeitalter wird von der Integration unterschiedlicher technischer Innovationen getrieben. Hierzu zählt die Miniaturisierung und Computerisierung industrieller Prozesse, Maschinenlernen, digitale Fabrikation und viele andere Prozesse, die zu einer „pureren" Form des Kapitalismus verhelfen (Arboleda 2020, S. 10 ff.). Allerdings ist die Energie- und Ressourceneffizienz bei neuesten Energie- und Agrikulturinnovationen häufig sehr schlecht. Fracking wird z. B. als eine der energieineffizientesten Technologien angesehen (Gudynas 2020, S. 12–13). Der materielle Fußabdruck des globalen Neo-Extraktivismus hat sich im Gegensatz zu seinen Vorgängern dramatisch vergrößert.

Megaprojekte im Bergbau sind häufig schulden-finanziert. Hierbei ergeben sich neue globale Abhängig-keitsstrukturen. Lateinamerikanische Länder leihen sich zunehmend Geld für Infrastruktur zum Abbau und Export von Rohstoffen aus Ostasien (Arboleda 2020, S. 177). Globale Finanzprodukte und globale Aktien-gesellschaften bleiben hierbei Vehikel, die die Abhängig-keit des Globalen Südens vertiefen.

Lokale Konfliktlinien und Geldflüsse aus extraktiven Projekten sollten in der Analyse nicht aus dem Blick geraten. Doch der Begriff des globalen Neo-Extraktivismus öffnet den Blick dafür, dass miteinander vergleichbare Ressourcengrenzen auf der ganzen Welt ver-laufen. Nicht allein in Lateinamerika ist die Intensivierung des Abbaus natürlicher Ressourcen bemerkbar. Durch die Kommerzialisierung von immer mehr Rohstoffen sind auch immer mehr Menschen direkt vom Ressourcen-abbau betroffen. Auch jenseits von Schwellen- und Ent-wicklungsländern entstehen hierbei Naturzerstörung und Zerstörung vormaliger Siedlungsgebiete.

Infobox 2: Lithium

Lithium ist ein wichtiges Metall, das für die Herstellung von Batterien verwendet wird. Allein zwischen 2015 und 2020 hat sich die Nachfrage nach Lithium-Ionenbatterien verdreifacht. Lithium ist ein besonders begehrtes Metall, da es leicht ist und viel Energie speichern kann (Kaunda 2020). Durch den Bedarf an Metall werden neue Territorien für den globalen Bergbau erschlossen. Das meiste Lithium findet sich in Chile besonders in der Atacama, wo sich Chile das Lithium-Dreieck zwischen Argentinien (Salar de Olaroz) und Bolivien (Salar de Uyuni) teilt und insgesamt rund die Hälfte globaler Vorkommen zu finden sind (Kaunda 2020, S. 239). Gefolgt werden die chilenischen Vorkommen von Australien, wo 2021 weltweit am meisten Lithium abgebaut wurde (Jaskula 2022). Auf dem afrikanischen Kontinent nimmt der Lithium-Abbau in Zimbabwe Fahrt

auf. Negative Folgen der Lithiumausbeutung und -ver-
arbeitung werden für Wasser, Luft und Boden gemeldet.
Restmengen von Lithium finden sich in aufbereitetem
Wasser oder in Teichen. Toxische Substanzen können beim
Abbau und bei der Verarbeitung von Lithium außerdem an
die Pflanzen- und Tierwelt gelangen.

2.5   Globale Lieferketten

Der „Lebenszyklus" von natürlichen Ressourcen durch-
läuft unterschiedliche Stadien: Ausbeutung, Verarbeitung,
Nutzung und schließlich Wiederverwertung oder Entsorgung. Auf dieser „Reise" werden häufig Landesgrenzen
überschritten, somit sind die Lieferketten heute global
(Herrndorf et al. 2009, S. 65). Aus wirtschaftlichen
Gesichtspunkten bezeichnet man Lieferketten auch als
„Wertschöpfungsketten": Die Idee hierbei ist, dass natür-
liche Ressourcen durch zunehmende Verarbeitung an
Wert gewinnen. Von Unternehmen werden Lieferketten
vor allem unter dem Optimierungsaspekt betrachtet.
„Lean Production" zielt dabei auf „verschwendungs-
freie" wirtschaftliche Prozesse ab (Bertagnolli 2020,
S. 3). Verschwendungsarm heißt im betriebswirtschaft-
lichen Kontext kosteneffizient (Bertagnolli 2020, S. 14).
Unternehmen versuchen ihre Angebote auf dem globalen
Markt in Handelsketten optimal zu integrieren. Hierfür koordinieren und planen Unternehmen zielgenaue
Produkte möglich effektiv und effizient in globale
Handelsströme einzuspeisen. Das weltweit agierende
E-Commerce-Unternehmen Amazon versucht Kontrolle
über möglichst viele Schaltstellen in globalen Handels-
ketten zu erlangen. Zunehmend kümmert sich Amazon
auch um logistische Fragen: Alleine zwischen Mai 2020

und Juni 2021 hat Amazon die Flüge in eigenen oder eigens geleasten Flugzeugen auf 160 tägliche Flüge verdoppelt (Palmer 2021). Auch staatliche Akteure versuchen Handelsrouten zu dominieren. Chinas „One Belt, One Road" Initiative, die unterschiedliche Handelsverträge und Infrastruktur in Europa, Asien und dem Pazifik verklammert, ist wahrscheinlich das ambitionierteste dieser Projekte zur Dominanz globaler Lieferketten. ExpertInnen sehen darin den Versuch Chinas Überkapazitäten im internationalen Handel zu vertreiben (CNN 2017).

Während Lieferketten in der Betriebswirtschaftslehre als etwas Gutes oder zumindest Neutrales dargestellt werden, ziehen globale Handelsketten auch immer wieder Kritik auf sich. Hinterfragt werden der Nutzen und die Effizienz von globalen Handelsketten. Aufgrund erweiterter Handelsströme steigt der Ressourcenverbrauch für Transporte und Warenüberfluss. Durch die Beschleunigung der Warenströme werden energieintensive Transportmethoden eingesetzt. Lieferketten sind auch deshalb nicht neutral, als dass sie einigen Akteuren mehr nutzen als anderen. Der CEO von Amazon profitiert ungleich mehr als die ProduzentInnen von Elektrogeräten in China oder Näherinnen in Bangladesch. Die Wertschöpfung, d. h. die Gewinne, die durch Lieferketten erwirtschaftet werden, entfallen auf einen verhältnismäßig kleinen Anteil der Länder weltweit.

Bislang ergattern die Industriestaaten den Löwenanteil der Wertschöpfung aus den globalen Lieferketten: 67 Prozent der Wertschöpfung entfallen auf die 37 Industriestaaten der OECD und nur 33 Prozent auf die restlichen 154 Schwellen- und Entwicklungsländer, einschließlich China. Gleichzeitig sind die Industrieländer extrem abhängig von Lieferketten, wie das rohstoffarme Europa von Rohstoffimport, aber auch schon vom Import von beispielsweise

Atemschutzmasken, Desinfektionsmitteln und Antibiotika, wie während der Corona-Pandemie offenkundig wurde. Manche Unternehmen haben sich mittlerweile vollständig aus der eigenen Fertigung und damit ihrer diesbezüglichen Verantwortung verabschiedet (Dohmen 2021, S. 8).

Immer mehr Industrienationen wie Deutschland und Frankreich beschließen als Antwort auf Kritik Lieferkett2022engesetze. Das deutsche Lieferkettengesetz hat zum Ziel, dass bei der Produktion von Waren große Umweltschäden vermieden werden und keine Kinder- und Zwangsarbeit in die Produktion mit einfließt (BMZ). Federführend für das deutsche Lieferkettengesetz war Gerd Müller (CSU), der Minister für wirtschaftliche Zusammenarbeit und Entwicklung zwischen 2013 und 2021 in zwei Kabinetten Angela Merkels. „Nie wieder Rana Plaza" (siehe Infobox 3) ist das Versprechen, dass nach Müllers Aussage oberstes Ziel des Gesetzes ist. Rana Plaza steht für ihn „für das Unterlaufen grundlegender ökologischer und sozialer Mindeststandards bei der Auslagerung der Produktion, nicht nur in der Textilwirtschaft in Entwicklungsländern" (BMZ 2022, S. 6). Mit dem Lieferkettengesetz sollte damit eine Phase einer „gerechteren Globalisierung" angestoßen werden (ebd., S. 7). Ausgangspunkt für das deutsche Lieferkettengesetz ist die Maßgabe, dass Unternehmen Verantwortung für Menschenrechte tragen. In manchen Lieferländern würde der Rechtsstaat nicht genug ausgebaut sein, um diese auf verbindliche Regelungen zu verpflichten. Daher setzt das Lieferkettengesetz bei den Unternehmen an, auf die durch Lieferkettenverpflichtungen zusätzliche Kosten von unter einem Prozent des Jahresumsatzes zukommen könnten (Haupt et al. 2021, S. 66). Anders gewendet könnten die Sorgfaltspflichten auch als „Investitionskosten" angesehen werden, da hieraus „Reputationsvorteile" entstehen

(Haupt et al. 2021, S. 66). Das Verfolgen von Waren entlang globaler Lieferketten ist zentral, um sich kritisch mit der Handelspolitik globaler Ressourcen auseinanderzusetzen.

Infobox 3: Rana Plaza Unglück

Am 24. April 2013 brach in einem Vorort von Bangladeschs Hauptstadt Dhaka der achtgeschossige Fabrikkomplex Rana Plaza zusammen. Zur Zeit des Unglücks befanden sich mehr als 5000 ArbeiterInnen in den Gebäuden. 1136 Menschen starben unter den Trümmern der Texilwerkstätte, die Kleidung zum Export an Modefirmen wie Benetton, Mango, C&A und Primark herstellten. Bereits am Tag vorher waren Risse im Gebäude festgestellt worden, aber die Warnungen wurden ignoriert. Durch das Unglück kamen auch die in den Fabriken vorherrschenden Produktionsbedingungen zu Tage: „unterdurchschnittliche Löhne, zu lange Arbeitstage und kaum Freizeit, ungeschützter Umgang mit Chemikalien und fehlende Brandschutzbestimmungen sind nur einige der Probleme in dem Industriezweig" (BpB 2018). In der Folge wurden zumindest in Bangladesch die Sicherheitsstandards erhöht und einige Fabriken geschlossen.

Ab 2024 werden Zulieferunternehmen mit 1000 und mehr MitarbeiterInnen auf die vom Lieferkettengesetz festgelegten Regeln hin kontrolliert. Bei Verstößen drohen Bußgelder oder der Entzug von öffentlichen Aufträgen für bis zu drei Jahren (BMZ 2022).

Lieferketten sind in das globale Marktgeschehen eingebunden. In ihrer Umgebung befinden sich transnationale Unternehmen und Staaten, die unternehmerisch bzw. handelspolitisch auf Lieferketten einwirken. Die Beschaffenheit von Handelsketten kann als Resultat von Marktmacht und (De-)Regulation verstanden werden. Mit Lieferkettengesetzen können Staaten auf heimische Unternehmen hinwirken, die dann Sorgfaltspflichten bei Zulieferern einfordern sollen. Dass hieraus tatsächlich eine „gerechtere Globalisierung" (Haupt et al. 2021, S. 6) entspringt, ist eher unwahrscheinlich. Zunächst einmal findet das deutsche Lieferkettengesetz nur auf größere Unternehmen Anwendung. Zweitens wird es in manchen Branchen das Unterhändlersystem unterlaufen. Drittens würden Lieferkettengesetze erst effektiv, wenn sie streng genug wären und eine kritische Masse an Staaten sie verabschieden würde.

Literatur

Arboleda, M. (2020). *Planetary mine: Territories of extraction under late capitalism*. Verso.

Asala, K. (12. Januar 2021). *The Gulf of Guinea is a Maritime Battleground Over Oil Wealth*. https://www.africanews.com/2021/01/12/the-gulf-of-guinea-is-a-maritime-battleground-over-oil-wealth/.

Bertagnolli, F. (2020). *Lean Management: Einführung und Vertiefung in die japanische Management-Philosophie*. Springer Gabler.

Bundesministerium für wirtschaftliche Entwicklung und Zusammenarbeit (BMZ). (2022). *Fragen und Antworten zum deutschen Lieferkettensorgfaltspflichtengesetz (LkSG)*. https://www.bmz.de/resource/blob/60000/84f32c49acea03b883e1223c66b3e227/lieferkettengesetz-fragen-und-antworten-data.pdf.

Bundeszentrale für politische Bildung. (23. April 2018). *Vor fünf Jahren: Textilfabrik Rana Plaza in Bangladesch eingestürzt*. https://www.bpb.de/kurz-knapp/hintergrund-aktuell/268127/vor-fuenf-jahren-textilfabrik-rana-plaza-in-bangladesch-eingestuerzt/.

Bunker, S. G., & Ciccantell, P. S. (2005). *Globalization and the Race for Resources*. Johns Hopkins University Press.

Burchardt, H. J., & Dietz, K. (2014). (Neo-)extractivism – a new challenge for development theory from Latin America. *Third World Quarterly, 35*(3), 468–486. https://doi.org/10.1080/01436597.2014.893488

Burchardt, H. J., & Peters, S. (2019). Extraktivismus. In J. Brunner, A. Dobelmann, S. Kirst, & L. Prause (Hrsg), *Wörterbuch Land- und Rohstoffkonflikte* (S. 65–71). Transcript.

Carmody, P. (2016). *The New Scramble for Africa*. Polity.

Central Intelligence Agency. (2019). *Imports – partners*. Aufgerufen am 4. April 2023 unter https://www.cia.gov/the-world-factbook/field/imports-partners/.

Chagnon, C. W., Durante, F., Gills, B. K., Hagolani-Albov, S. E., Hokkanen, S., Kangasluoma, S. M., Konttinen, H., Kröger, M., LaFleur, W., Ollinaho, O., & Vuola, M. P. (2022). From extractivism to global extractivism: the evolution of an organizing concept. *Journal of Peasant Studies, 49*(4), 760–792. https://doi.org/10.1080/03066150.2022.2069015

Chokshi, N., & Goodman, P. S. (22. Oktober 2021). How the World Ran Out of Everything. *New York Times*. https://www.nytimes.com/2021/06/01/business/coronavirus-global-shortages.html.

Collier, P. (2010). The Political Economy of Natural Resources. *Social Research, 77*(4), 1105–1132.

Constable, S. (2022, November 28). U.S. Unleashes Chevron. Oil Major To The Rescue In The Energy Crisis. *Forbes*. https://www.forbes.com/sites/simonconstable/2022/11/28/us-unleashes-chevron-oil-major-to-the-rescue-in-the-energy-crisis/?sh=6aef14686b12.

Dederer, H. G. (2021). Resources and Trade Law. In M. L. Fremuth, J. Griebel, & R. Heinsch (Hsrg), *Natural Resources and International Law – Developments and Challenges* (S. 125–144). Nomos.

Der Spiegel. (4. Juni 2021). Handwerkskunden bekommen Rohstoffknappheit zu spüren. *Der Spiegel Online*. https://www.spiegel.de/wirtschaft/service/handwerkskunden-bekommen-rohstoffknappheit-zu-spueren-a-86b7beb1-9d9a-4f3d-817a-56602be42568.

Dobner, P. (2010). Rohstoffpolitik. In *Lexikon der Politikwissenschaft N-Z* (4. Aufl, Vol. 2, S. 929–930). C.H. Beck.

Dobner, P., & Finkeldey, J. (2022). Natural resources and the tipping points of political power—A research agenda. *Sustainability, 14*(22), 14721. https://doi.org/10.3390/su142214721

Dohmen, C. (2021). *Lieferketten*. Wagenbach.

Ehrlich, P. R. (1988). *The Population Bomb*. Ballantine.

Finkeldey, J. (2018). Lessons from Marikana? South Africa's Sub-Imperialism and the Rise of Blockadia. In J. Grady & C. Grocott (Hrsg), *The continuing imperialism of free trade: Developments, trends and the role of supranational agents* (S. 113–124). Routledge.

Finkeldey, J. (2022). Südafrika: Der schmutzige Kampf um die Kohle. *Blätter für deutsche und internationale Politik*, (11), 29–32.

Finkeldey, J. (2023). *Fighting Global Neo-Extractivism: Fossil-Free Social Movements in South Africa*. Routledge.

Focus. (25. Juni 2021). Die Weltrohstoffkrise. *Focus*, (26). https://www.focus.de/magazin/archiv/titel-die-weltrohstoffkrise_id_13435615.html

Gilley, B. (2017). The case for colonialism. *Third World Quarterly*. https://web.pdx.edu/~gilleyb/2_The%20case%20for%20colonialism_at2Oct2017.pdf. Der Artikel wurde von der Zeitschrift zurückgezogen. Vom Inhalt des Artikels hat sich der Autor nicht distanziert.

Griffiths, J. (11. Mai 2017). *Just what is this One Belt, One Road thing anyway?* Aufgerufen am 4. April 2023 unter https://edition.cnn.com/2017/05/11/asia/china-one-belt-one-road-explainer/index.html.

Gudynas, E. (2011). Neo-Extraktivismus und Ausgleichsmechanismen der progressiven südamerikanischen Regierungen. *Kurswechsel*, (11), 69–80.

Gudynas, E. (2020). *Extractivisms: Politics, Economy and Ecology*. Fernwood.

Haupt, S., Lichter, J., & May, F. C. (2021). *Sorgfaltspflichten entlang globaler Lieferketten: Eine ökonomische Analyse*. Handelsblatt Research Institute. https://www.bmz.de/resource/blob/92544/studie-handelsblatt-research-institute.pdf.

Herrndorf, M., Kuhndt, M., & Tessema, F. (2009). Ressourceneffizienz bei Verbrauch und Produktion in globalen Wertschöpfungsketten. In R. Bleischwitz & F. Pfeil (Hrsg), *Globale Rohstoffpolitik* (S. 65–80). Nomos.

Hosseini, H., Saadaoui, I., Moheimani, N., Al Saidi, M., Al Jamali, F., Al Jabri, H., & Ben Hamadou, R. (2021). Marine health of the Arabian Gulf: Drivers of pollution and assessment approaches focusing on desalination activities. *Marine Pollution Bulletin, 164*, 1–13.

Institut Seltene Erden und Metalle. (n. d.). *Rare Earth Elements (REE) Vorkommen, Herstellung, Verwendung.* Aufgerufen am 4. April 2023 unter https://institut-seltene-erden.de/seltene-erden-und-metalle/seltene-erden/.

Jaskula, B. W. (2022). *Lithium.* U.S. Geological Survey. https://pubs.usgs.gov/periodicals/mcs2022/mcs2022-lithium.pdf.

Kaunda, R. B. (2020). Potenzial environmental impacts of lithium mining. *Journal of Energy & Natural Law, 38*(3), 237–244.

Klinger, J. M. (2017). *Rare Earth Frontiers.* Cornell University Press.

Luo, T., Young, R., & Reig, P. (2015). *Aqueduct projected water stress country rankings.* World Resources Institute.

Lüdeke, C. (2019, July 1). *Die Geschichte des Gummis.* Aufgerufen am 3. April 2023 unter https://www.planet-wissen.de/technik/werkstoffe/gummi/pwiediegeschichtedesgummis100.html.

Marscheider-Weidemann, F., Langkau, S., Baur, S. J., Billaud, M., Deubzer, O., Eberling, E., Erdmann, L., Haendel, M., Krail, M., Loibl, A., Maisel, F., Marwede, M., Neef, C., Neuwirth, M., Rostek, L., Rückschloss, J., Shirinzadeh, S., Stijepic, D., Tercero Espinoza, L., & Tippner, M. (2021). *Rohstoffe für Zukunftstechnologien 2021* (50). Deutsche Rohstoffagentur. https://www.deutsche-rohstoffagentur.de/DE/Gemeinsames/Produkte/Downloads/DERA_Rohstoffinformationen/rohstoffinformationen-50.pdf?__blob=publicationFile&v=3.

Mbamalu, S. (27. September 2018). *Plight of African workers under Chinese employers*. African Liberty. Aufgerufen am 4. April 2023 unter https://www.africanliberty.org/2018/09/27/plight-of-african-workers-under-chinese-employers/.

Moyo, D. (2009). *Dead Aid*. Allen Lane.

Murtaugh, P. A. (8. Juni 2015). Paul Ehrlich's Population Bomb Argument Was Right. *The New York Times*. https://www.nytimes.com/roomfordebate/2015/06/08/is-overpopulation-a-legitimate-threat-to-humanity-and-the-planet/paul-ehrlichs-population-bomb-argument-was-right.

Oxfam. (2022). *Somalia*. Aufgerufen am 4. April 2023 unter https://www.oxfam.de/unsere-arbeit/lander-regionen/somalia.

Oxfam. (2023). *Wasserknappheit*. Aufgerufen am 4. April 2023 unter https://www.oxfam.de/unsere-arbeit/themen/wasser-knappheit.

Palmer, A. (17. Februar 2021). *Amazon Air will have a 'growth spurt' this spring and could eventually resemble an airline, study says*. https://www.cnbc.com/2021/02/17/amazon-air-fleet-growing-fast-could-resemble-airline-study.html.

Patel, L. (16. März 2016). South Africa's social welfare system faces deepening challenges. *The Conversation*. https://theconversation.com/south-africas-social-welfare-system-faces-deepening-challenges-55962.

Randers, J. (2012). *2052. Eine Globale Prognose für die nächsten 40 Jahre*. Oekom.

Rudnicka, J. (27. Juli 2022). *Entwicklung der Weltbevölkerungs-zahl von Christi Geburt bis 2021*. https://de.statista.com/statistik/daten/studie/1694/umfrage/entwicklung-der-weltbevoelkerungszahl/.

Svampa, M. (2020). *Die Grenzen der Rohstoffausbeutung: Umweltkonflikte und ökoterritoriale Wende in Lateinamerika*. Bielefeld University Press.

Tetzlaff, R., & Jakobeit, C. (2005). *Das nachkoloniale Afrika: Politik – Wirtschaft – Gesellschaft*. VS Verlag.

Veltmeyer, H., & Petras, J. (2014). *The New Extractivism: A Post-Neoliberal Development Model or Imperialism of the Twenty-First Century?* Zed.

Wallerstein, I. (2019). *Welt-System-Analyse: Eine Einführung.* Springer VS.

Winkler, K., Fuchs, R., Rounsevell, M., & Herold, M. (2021). Global land use changes are four times greater than previously estimated. *Nature Communications, 12.* https://doi.org/10.1038/s41467-021-22702-2.

3

Politikwissenschaftliche Ansätze zu natürlichen Ressourcen

3.1 Staatszentrierte Ansätze

Die globale Dimension von Ressourcenpolitik kommt ohne die Betrachtung der nationalstaatlichen Ebene nicht aus. Wie kann das Verhältnis zwischen staatlichen Institutionen und natürlichen Ressourcen politikwissenschaftlich verstanden werden? Die Formulierung und Durchsetzung von Staatszielen im Nationalstaat wird allgemein als Regieren bezeichnet (Dobner 2010, S. 249–250).[1] Infolgedessen ist die Frage nach der Rolle staatlicher Ressourcenpolitik damit verknüpft, welche Ziele sich der Staat setzt und ob und wie diese Ziele umgesetzt werden. Einfacher gesprochen liegen dahinter also Fragen nach politischem Willen und den Kapazitäten

---

[1] Wasser oder Kohle lassen sich natürlich an sich nicht regieren wie etwa ein Bundesland. Allerdings kann *über* natürliche Ressourcen *regiert werden*.

© Der/die Autor(en), exklusiv lizenziert an Springer Fachmedien Wiesbaden GmbH, ein Teil von Springer Nature 2023
J. J. Finkeldey, *Globale Ressourcenpolitik,* Elemente der Politik,
https://doi.org/10.1007/978-3-658-42175-5_3

des Staates, den politischen Willen in entsprechende Handlungen umzusetzen. Das Ziel der Klimaneutralität z. B. ist nicht das Gleiche wie die tatsächliche industriepolitische Umsetzung.

Selbst Ansätze, die die globale Dimension von Politik untersuchen, sehen Nationalstaaten aufgrund ihrer politischen Steuerungsfähigkeiten in einer herausgehobenen Position (Vgl. z. B. Wallerstein 2019; Biermann 2014, S. 48 ff.). Allerdings ist im globalen marktwirtschaftlichen Kontext der Ressourcenpolitik die genaue Rolle von Staaten umstritten. Die Frage nach einer aktiven oder passiven Rolle von Staaten steht dabei spätestens seit den 1980er Jahren im Zuge der Globalisierung zur Debatte. Hierbei ist zu beobachten, dass staatlichen Akteuren je nach Betrachtungsweise sowohl viel als auch wenig Durchsetzungsfähigkeit im internationalen System zugesprochen wird. Oftmals wird diese Debatte dadurch bestimmt, wie die Kräfteverhältnisse zwischen Staaten und transnationalen Unternehmen einzuschätzen seien. Kritische Ansätze formulieren, dass staatliches Handeln von unternehmerischen Interessen gar nicht im besonderen Maße unterscheidbar sei, da Staaten von Konzernen gekapert seien (hierzu Abschn. 3.4). Arthur Benz (2008, S. 5–6) sieht, dass der Staat allerdings nur vermeintlich auf dem Rückzug ist:

… in der Wirklichkeit scheint der Staat an Bedeutung zu verlieren. Die Globalisierung der Ökonomie, die Internationalisierung bzw. Europäisierung der Politik, die Überlastung wohlfahrtsstaatlicher Verteilungspolitik, die Grenzen hoheitlich-hierarchischer Steuerung in der funktional differenzierten Gesellschaft sowie die Diskrepanz zwischen dem Legitimationsbedarf und den Leistungen des demokratischen Staates werden dafür verantwortlich gemacht. Der Staat – so wird vielfach behauptet – habe an innerer Souveränität durch Einbindung in internationale Organisationen verloren. Er könne seine Politik gegen mächtige gesellschaftliche Organisationen nicht mehr durchsetzen, müsse sich auf Verhandlungen und Kooperationen einlassen, könne moderne Technologie nicht mehr ausreichend beherrschen und sehe sich durch die organisierte Kriminalität in seinem Gewaltmonopol bedroht.

Hinzuzufügen wäre an dieser Stelle noch das oft angeführte Staatsschuldenproblem, das staatliches Handeln begrenzt. Die meisten dieser Probleme können allerdings nur dann für besonders relevant befunden werden, wenn Nullsummenspiele vorausgesetzt werden. Beispielsweise würde nach dieser Logik die fortschreitende Europäisierung der Politik nationalstaatliches Handeln verengen oder Staatsschulden als Last für künftige Generationen statt als Investitionen in öffentliche Infrastruktur oder soziale Dienstleistungen angesehen. Tatsächlich ist die Lage des Staates im verzahnten Mehrebenensystem komplexer. Es wird gezeigt, dass der Staat viele Aufgaben in der globalen Ressourcenpolitik erfüllt (siehe auch Infobox 4).

Infobox 4: Handwerkszeug politischer Steuerung

Es gibt eine Vielzahl an politischen Instrumenten Ressourcenpolitik zu lenken. Der Staat hat die Möglichkeit Zwang auszuüben, Informationen bereitzustellen oder Geld zu verteilen bzw. Abgaben zu verlangen. Zwang funktioniert beispielsweise durch Sanktionen und Verbote (Beispiel: Plastikbesteck- und Plastikstrohhalmverbote). Informationen zielen auf Beratung und Aufklärung (Beispiel: Werbung für Recycling). Schließlich gibt es die Möglichkeit Geld in Form von Subventionen oder Vergünstigungen bereitzustellen (Beispiel: Subvention von Wärmedämmung oder erneuerbaren Energien) (Görlitz und Burth 1998). Politische Steuerung kann auch nicht-nachhaltige Ziele verfolgen, wie die Subventionspolitik von fossilen Brennstoffen beweist (Götze und Joeres 2021).

Staaten haben sowohl direkten als auch indirekten Einfluss auf die Aneignung, Nutzung und Verteilung von Ressourcen. In der Ressourcenpolitik treten staatliche Akteure oft in gleich mehreren Rollen gleichzeitig auf: als Regulatoren, Käufer und Händler von Ressourcen, ebenso nutzen sie ihre Zwangsmittel in Form der Polizei und teilweise auch durch das Militär um Zugänge abzusichern. Ressourcenpolitik wird zunehmend auch klimapolitisch gedacht. Bei anhaltenden Wachstumsraten der Globalwirtschaft und gleichzeitigem Bevölkerungswachstum hat die Intensität und Reichweite von Ressourcenausbeutung zugenommen. Aktuell ist der globale Ressourcen-Boom zu einem guten Teil auf die von vielen Staaten flankierte Umstellung auf E-Mobilität und Erneuerbare Energien zurückzuführen.

Staaten mit einem durchsetzungsfähigen Apparat behaupten ihre Machtfülle nach Wallerstein (2019, S. 53) in mindestens sieben Arenen:

(1) Staaten bestimmen, ob und unter welchen Bedingungen Waren, Kapital und Arbeit ihre Grenzen überqueren können. (2) Sie regeln Eigentumsrechte in ihren Staatsgrenzen. (3) Sie legen Regeln für Beschäftigung und Beschäftigungsvergütung fest. (4) Sie entscheiden, welche Kosten von den Firmen internalisiert werden müssen. (5) Sie entscheiden, welche Arten von ökonomischen Prozessen monopolisiert werden können und in welchem Umfang. (6) Sie erheben Steuern. (7) Sofern Firmen mit Sitz in ihren Grenzen betroffen sind, können sie schließlich ihre Macht extern nutzen, um Entscheidungen anderer Staaten zu beeinflussen. Das ist eine lange Liste und schon der Blick

darauf zeigt, dass aus der Unternehmensperspektive staatliche Politik äußerst wichtig ist.

Betrachtet man Benz' Wiedergabe von Argumenten zum vermeintlichen Niedergang der Institution des Staates und Wallersteins entsprechende Ausführungen, sehen wir, dass der Staat im internationalen System zwar nur ein Akteur unter vielen ist, aber dass er in besonderer Weise mit Steuerungsfunktionen ausgestattet ist, die für den Handel und die Ausbeutung von natürlichen Ressourcen zentral sind.

Die internationale Presse spricht warnt gerade in Zeiten erhöhter Ressourcenpreise vor „Ressourcennationalismus" (Pryke 2017, S. 474). Obwohl der Terminus sehr unterschiedlich verwandt wird, drückt sich hierin das Bedenken über ungebührliches oder gar schädliches Handeln des Staates im Ressourcensektor aus. Wallerstein (2019, S. 62) weist darauf hin, dass Staaten historisch auf drei Arten Nationalismus befördert hätten: zunächst durch das staatliche Schulsystem, den Militärdienst und schließlich durch öffentliche Feierlichkeiten. So wurde in der DDR, in deren Staatsgebiet relativ viel Braunkohle abgebaut wurde, schon ab 1950 der Tag des Bergmanns gefeiert (ab 1975 Tag des Bergmanns und des Energiearbeiters). Auch in der Nationalhymne der DDR ließ sich der Anspruch an hohe Produktion in Verbindung mit dem Anspruch an Kollektivität erkennen. Dort heißt es: „Laßt uns pflügen, laßt uns bauen/lernt und schafft wie nie zuvor, und der eignen Kraft vertrauend/steigt ein frei Geschlecht empor". Ob sich an dieser staatlich gelenkten Ideologie der sozialistischen Schaffenskraft „Ressourcennationalismus" nachweisen lässt oder ob nicht vielmehr jeder Staat in Abstufungen sich zu seinen Ressourcen bekennt, lässt sich hier nicht endgültig klären.

Welche Funktion und Rolle der Staat in der internationalen Ressourcenpolitik spielt, hängt auch davon ab, welche theoretische Brille der Internationalen Beziehungen (IB) zu ihrer Analyse bemüht wird. Da verschiedene politikwissenschaftliche Ansätze auch gleichzeitig Annahmen über Staaten treffen, sei hier bereits auf einige Erkenntnisse der nächsten Kapitel vorgegriffen. Die realistische Schule prognostiziert, dass immer wieder Konflikte um endliche und ungleich verteilte globale Ressourcen aufbrechen. Seitens der Realisten wird angenommen, dass Interessenpolitik zur Aneignung von Ressourcen das Eintreten für „westliche Werte" wie Demokratie und Menschenrechte überlagert (Dannreuther 2013, S. 82–83). Realisten sehen den Kampf um kritische Ressourcen als die zentrale Konfliktlinie im internationalen System, das zunehmend durch Ressourcen-Kriege gekennzeichnet sei (Klare 2001). Damit lösten die von materiellen Interessen geleiteten Ressourcenkonflikte den ideologisch und strategisch gelagerten Kalten Krieg ab (Dannreuther 2013, S. 84–85).

Als Gegenargument reiner staatlicher Interessenverfolgung wird seitens liberaler KritikerInnen die Ressourcenhandelspolitik während des Kalten Krieges herangeführt. Trotz ideologischer Kämpfe wurde zwischen den beiden Blöcken Handel betrieben. Die staatliche Einbettung des Staates in Märkte würde demnach das Handeln von Staaten besonders beeinflussen. Überhaupt zweifelt die liberale Schule der IB den Staat als zentralen Akteur in der globalen Ressourcenpolitik an. Unternehmen, NGOs und regionale sowie internationale Institutionen seien ebenfalls für internationale Beziehungen der Ressourcenpolitik von Bedeutung. Der „Nachtwächterstaat" sei vielmehr dafür verantwortlich, Regeln und Rechte für das Funktionieren von Märkten zu garantieren. Dies gilt nicht nur zur Beschreibung des Zustands, sondern auch als normatives Ideal. Mächtige Staaten müssten durch nicht-staatliche Akteure kontrolliert und begrenzt werden (Dannreuther 2013, S. 86–87). Zentral für die liberale Schule ist die Annahme, dass demokratische Staaten keine Kriege miteinander führen. Liberale Denkansätze der IB hängen daher einem Fortschrittsglaube an, der sich auf die Hoffnung stützt, dass Menschenrechte und Demokratisierung kriegerische Auseinandersetzungen verhindern könnten. Liberale Denkansätze kritisieren, dass die realistische Schule die Rolle von Staaten auf internationalen Ressourcenmärkten überschätzen und gleichzeitig die Rolle von Märkten unterschätzen. So könnte die nahezu universelle Mitgliedschaft in der Welthandelsorganisation (WHO) dafür sprechen, dass globale Märkte den Handel zwischen Staaten lenken und Regellosigkeit verhindern. Illiberale Wirtschaftspolitik ist daher die Wurzel des Übels für liberale Analysten, was gerade in autoritären Staaten mit großem Ressourcenaufkommen gezeigt werden könne. Illiberale politische Systeme bereichern sich in der liberalen Lesart in besonderer Weise an heimischen Ressourcenschätzen durch Intransparenz und Korruption (Dannreuther 2013, S. 86–91).

Kritische Denkansätze der Ressourcenpolitik sehen zentrale Ungleichheiten im internationalen System durch den liberalen Denkansatz verschleiert. Zwänge und strukturelle Ungleichheiten führen nach dieser Lesart dazu, dass Unterdrückung durch das liberale Wirtschaftsprogramm perpetuiert wird. Einer der Vorwürfe hierbei ist, dass liberale Denkansätze die ausbeuterischen Funktionsweisen des internationalen Systems als solches zugunsten von *normbasierten Funktionsweisen im System* ausblenden. Das Weltsystem ist nach Ansicht der Weltsystemtheoretiker wie Immanuel Wallerstein in Zentrum und Peripherie strukturiert, wobei das Zentrum der Peripherie ausbeuterisch gegenübersteht. Wertschöpfung ist zuungunsten des Globalen Südens organisiert. Als eine Fortsetzung dieser Denkströmung können heute Studien zum „globalen ungleichen ökologischen Tausch" gelten (z. B. Dorninger et al. 2021). Hier wird gezeigt, dass westliche Unternehmen zur Übernutzung von Land im Globalen Süden beitragen und dabei keine äquivalenten Gegenwerte zurückgeben. Darüber hinaus wird darauf hingewiesen, dass Staaten in unterschiedlicher Weise bereits vor der Globalisierung Ressourcenaneignungen im Kolonialismus unternommen haben (Bunker & Ciccantell 2005). Hierbei weisen gerade postkoloniale Strömungen auf Kontinuitäten mit kolonialen Ausbeutungs- und Denkmustern hin (Fanon 2001; Mbembe 2017).

An dieser Stelle sei eingeworfen, dass der Staat nicht als einheitlicher Akteur wahrgenommen werden kann, wie es häufig in staatszentrierten Ansätzen angenommen wird. Der Staat vereint unterschiedliche Interessen: sei es durch Koalitionsregierungen, widerstreitende Interessen von Koalitionspartnern, unterschiedliche Fachressorts, vielfältige Einflüsse von Interessengruppen wie zivilgesellschaftliche Organisationen, Wirtschaftsunternehmen, Lobbyismus oder internationalen Akteuren. Der Staat spricht also nicht mit einer Stimme. Wie die Ausführungen zum Extraktivismus bereits gezeigt haben, können Regierungen Ressourcenvorkommen in unterschiedlicher Weise regulieren und nach unterschiedlichen Maßstäben verteilen.

Kurz zusammengefasst:

- Der Staat nimmt zahlreiche Funktionen in der globalen Ressourcenpolitik ein: z. B. durch das rechtliche Rahmenwerk innerhalb der Landesgrenzen, durch Steuern und Zölle.

- Mit welchen Motivationen Staaten Ressourcenpolitik betreiben wird entlang von Theorieschulen unterschiedlich eingeschätzt. Hierauf wird in den folgenden Unterkapiteln vertiefend eingegangen.

3.2   Realistische Ansätze

Realistische Ansätze der Internationalen Beziehungen beschäftigen sich mit Phänomenen der Geopolitik. Die zentrale Kategorie für die Analyse zwischenstaatlicher Beziehungen sind Machtbeziehungen. Bezogen auf natürliche Ressourcen liefern Bleischwitz und Pfeil (2009, S. 22–23) ein anschauliches Beispiel:

> Die Gesellschaften sind auf diese [fossilen, sic.] Energieträger nach wie vor angewiesen: Erdöl und Erdgas exportierende Länder wie Saudi-Arabien, Iran, Irak und Russland sind deshalb von hoher strategischer Bedeutung. Wenn solche Schlüsselländer der internationalen Energiepolitik Protektionismus oder Machtpoker betreiben ... ist das auch eine Frage der Außen- und Sicherheitspolitik.

Theoriegeschichtlich bezieht sich der Realismus in den Internationalen Beziehungen auf Denker ganz unterschiedlicher Epochen wie beispielsweise Niccolò Machiavelli, Thomas Hobbes oder Thuydides' *Geschichte des Peloponnesischen Krieges* (Jacobs 2010, S. 40). Diese Autoren eint, dass sie von beobachtbaren politischen Verhältnissen ausgingen und konkrete Strategien zur Herrschaftsstabilisierung formulierten. Die realistische Denktradition entstammt vornehmlich angelsächsischen AutorInnen und entwickelte sich „vor einem spezifischen amerikanischen Erfahrungshintergrund" (Jacobs 2010, S. 43). Der Realismus versuchte die Konfrontation der beiden Großmächte im Kalten Krieg zu erklären. Generell lässt sich beobachten, dass der Realismus gerade in Krisenzeiten an Zuspruch gewinnt, da er das Machtstreben von Staaten und die damit einhergehende Konflikthaftigkeit in der internationalen Politik beschreibt.

Der zentrale Akteur realistischer Ansätze ist der nach Macht strebende Staat. Generell verfolgt nach Hans Morgenthau, dem Begründer einer umfassenden realistischen Theorie der IB, jede Form von Politik letztendlich Macht und die Durchsetzung des eigenen rationalen Interesses (Jacobs 2010, S. 49). Die Durchsetzung der staatlichen Eigeninteressen darf nicht durch Wunschdenken verstellt werden – politische Entscheidungen seien letztendlich Nullsummenspiele; demnach verlieren also manche Staaten, wenn andere gewinnen. Der ehemalige Staatsminister im Außenministerium und Bürgermeister von Hamburg Klaus von Dohnanyi schreibt in seinem Buch über nationale Interessen aus deutscher Perspektive, das einer realistischen Argumentationsweise folgt. Interessen müssten laut von Dohnanyi immer mit dem Wünschenswerten abgeglichen werden und Ansprüche notfalls nach unten korrigiert werden. Allerdings bleibt die Kategorie des nationalen Interesses für von Dohnanyi unverrückbar:

> Die schwierigste Aufgabe besteht zunächst immer darin, nationales Interesse in einer konkreten Situation nüchtern zu bestimmen. Mit ‚nüchtern' meine ich: Wünsche müssen wir von Interessen und Interessen von Möglichkeiten unterscheiden. Manches auf dieser Welt wäre wünschenswert, doch ist es auch erreichbar? Ist danach zu streben und diesem Streben andere Interessen und Aufgaben unterzuordnen, auch vernünftig? Ein Ziel mag verlockend sein, doch lohnt es den Aufwand und die eventuell unkalkulierbaren Nebenfolgen? Eine Welt

ohne tiefgreifende Interessenkonflikte wäre vielleicht eine
wundervolle Welt, doch ist sie nur denkbar, nie real (von
Dohnanyi 2022: S. 25).

Die zentrale Annahme der Realisten ist, dass hegemoniale
Staaten sich Ressourcenzugänge wenn nötig auch mit
militärischer Gewalt sichern, um ihre Machtinteressen
aufrechtzuerhalten und auszuweiten. Mit großer Über-
zeugungskraft vertritt der Konfliktforscher Michael T.
Klare in seinen Büchern *Resource Wars* (2001) und *The
Race for what's left* (2012), dass die USA die Zugänge
zu Öl zunehmend militarisiert haben. Vorgänge im
Nahen Osten in den letzten Jahrzehnten bestätigen
diese These, der ich im Folgenden kurz nachgehen
werde. Im Nahen Osten liegt ein Großteil der globalen
Ölressourcenvorkommen. Auf die Bedrohung von
Ölzugängen im Nahen Osten haben gerade die USA und
Großbritannien immer wieder mit militärischen Interventionen geantwortet. Nachdem Großbritannien hier
lange Zeit imperiale Ressourcenpolitik betrieb und das
ottomanisch-geführte Irak während des ersten Weltkriegs
angriff (Bridge & Le Billion 2017, S. 140), begannen
die Vereinigten Staaten ab Mitte des 20. Jahrhunderts
Großbritannien als Hegemon in der Region abzulösen.
Die amerikanische Strategie zur Ölgewinnung mündete in
der 1980 vom amerikanischen Präsidenten Jimmy Carter
formulierten Carter-Doktrin. Diese besagte im Kern,
dass das US-Militär ihre Vormacht über den Persischen
Golf und damit den freien Zugang zu Öl notfalls mit
militärischen Mitteln sichern wird.
Nirgendwo auf der Welt ist das Ölvorkommen so
konzentriert wie um den Persischen Golf und die Vorkommen so nah an der Oberfläche. Durch die Theoriebrille der Realisten gesehen führt das fast notwenigerweise
zum Konflikt. Wie kein anderer ist die Straße von

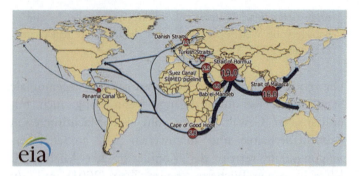

Abb. 3.1 U.S. Energy Information Administration, S. 2, 25. Juli 2017, Globale Handelswürgepunkte, URL: https://www.eia.gov/international/content/analysis/special_topics/World_Oil_Transit_Chokepoints/wotc.pdf, zuletzt abgerufen: 15. Mai 2023

Hormus ein Würgepunkt *(chockepoint)* (siehe Abb. 3.1 und Infobox 5) des internationalen Ölhandels. Oman, der Iran (und Dubai) sind hier direkte Anrainerstaaten. Die Straße verbindet den Persischen Golf mit dem Golf von Oman. Schiffe passieren hier, die täglich bis zu 18,5 Mio. t Rohöl und Petroleum transportieren. Um Seewege und Ölvorkommen im Nahen Osten zu sichern, hat das U.S. Militär gerade in den 1990ern Waffen an Bahrein, Kuweit, Oman, Saudi-Arabien und die Vereinigten Arabischen Emirate geliefert (Klare 2001, S. 67–68). Bis heute ist Saudi-Arabien größter Waffenimporteur US-amerikanischer Waffen (Statista 2022) und gleichzeitig zweigrößter Ölexporteur in die USA. Den Funken des ersten Golfkriegs löste die Invasion des irakischen Herrschers Saddam Husseins im benachbarten Kuweit am 2. August 1990 aus. Im Anschluss schlug das US-amerikanische Militär in Allianz mit Frankreich, Großbritannien, Saudi-Arabien und Ägypten zurück. Im damit begonnenen ersten Golfkrieg wurde der Irak mit erdrückender Truppenpräsenz aus Kuweit zurückgedrängt.

In Erinnerung bleiben die Bilder brennender Ölfelder, die irakische Truppen bei ihrem Truppenrückzug in Brand setzten.

> **Infobox 5: Handelswürgepunkte (world chokepoints)**
>
> Handelswürgepunkte sind spezielle Meerengen, durch die kritischen Ressourcen verschifft werden. Handelswürgepunkte sind integraler Bestandteil der globalen Ressourcenwirtschaft, da Energiesicherheit durch eine reibungslose Durchfahrt der Schiffe gewährleitet wird. Die Meerengen sind teilweise so schmal, dass die Größe der durchfahrenden Tanker begrenzt wird. Wenn Handelswürgepunkte aktiv blockiert werden, kann es schnell zu steigenden Ressourcenpreisen kommen und die Gefahr von kriegerischen Auseinandersetzungen erhöht sich.
>
> Ein zentraler Handelswürgepunkt ist neben der Straße von Hormus auch die Straße von Malakka, die den kürzesten Seeweg zwischen dem Indischen Ozean und dem Pazifischen Ozean darstellt. Die Straße von Malakka beliefert vor allen Dingen die asiatischen Wirtschaftsmächte China, Japan und Südkorea. An seiner engsten Stelle ist die Straße von Malakka nur 1,7 Meilen weit (EIA 2017, S. 6). Diese Enge ist besonders anfällig für Piraterie. Nach Schätzungen der EIA werden noch ungefähr 28 % des globalen Ölhandels in Tankern verschifft (EIA 2017, S. 1).

Unter Vorgabe falscher Angaben führte eine von den USA geleitete Allianz im Irak zwischen 2003 bis 2011 abermals Krieg. Offiziell ging es dem damaligen Präsidenten George W. Bush um den Krieg gegen den Terror als Reaktion auf die Angriffe am 11. September 2001, an dem das World Trade Centre in New York und das Pentagon angegriffen wurden. Allerdings kann der Irakkrieg auch als ein paradigmatischer Ölkrieg angesehen werden, in dem sich die USA Zugänge zur wichtigsten Energiequelle ihrer Wirtschaft verschafft haben.

Zusammengefasst zeigt der realistische Ansatz in den IB vor allen Dingen das Potenzial für Ressourcenkonflikte auf.

- Der realistische Ansatz zeigt die zentrale Rolle von Staaten und ihre Neigung zu interstaatlichen Konflikten auf.
- Hegemoniale Staaten sind stets bereit ihre Ressourceninteressen notfalls auch auf dem Schlachtfeld zu verfolgen.
- Der Golfkrieg kann als Beispiel dafür gesehen werden, dass staatliche Interessen um Ölressourcen immer wieder zu Kriegen und Aufrüstungsspiralen führen.

Exkurs: Der Ukraine-Krieg aus realistischer Perspektive: „Kornkrieg" und Absicherung globaler Energiedominanz

Der Ukraine-Krieg kann auch unter den Gesichtspunkten einer Auseinandersetzung über Ressourcen verstanden werden, auch wenn die ressourcenstrategische Perspektive bei weitem nicht ausreicht, um den Krieg zu verstehen. Unbestritten ist, dass sich strategisch wichtige Ressourcen auf dem ukrainischen Territorium befinden. Die Ukraine ist besonders reich an energetischen Bodenschätzen und einer der größten Weizen- und Sonnenblumenölproduzenten der Welt. Insgesamt ist die Ukraine Produzent von schätzungsweise 5 bis 6 % der globalen konsumierten Kalorien (Finlay und Cooper 2022).

Die deutsche Außenministerin Baerbock sprach in diesem Zusammenhang bei einer Pressekonferenz der G7-AußerministerInnen von einem „Kornkrieg" (Krüger 2022). Bewusst würde die Hafeninfrastruktur der Ukraine angegriffen werden, um den Weizenexport zu stoppen, auf den nordafrikanische Länder besonders angewiesen sind. Damit steigen globale Getreidepreise und Lebensmittelknappheiten machen sich global bemerkbar. Gleichzeitig führen steigende Preise weltweit zu einem Ressourcenboom, der besonders die Öl- und Gasausbeutung in Entwicklungsländern befeuert (Dammert et al. 2022).

In einem Debattenbeitrag für die New York Times fragte der Kolumnist Bret Stephens: „Was wäre, wenn Putin sich nicht verkalkuliert hätte?" Besonders geht es Stephens hier um die Ressourcenzugänge, die Russland sich im Zuge seines Feldzugs sichert. Laut Stephens ist Putins Kalkül die Absicherung seiner Energiedominanz. Nach den norwegischen Vorkommen befinden sich in der Ostukraine die zweitgrößten Erdgasvorkommen Europas (Stephens 2022). Die Importabhängigkeit von russischem Gas führt vor allen Dingen in Deutschland dazu, dass eine teilweise hektische Suche nach alternativen Energieträgern stattfindet. Ressourcenpolitik führt der Ukraine-Krieg schmerzhaft vor Augen, in welcher Abhängigkeit sich insbesondere Deutschland von russischem Gas befindet. Die deutsche Netzagentur wurde bereits treuhänderisch als Gesellschafterin von Gasspeichern des russischen Staatskonzerns Gazprom eingesetzt (ARD 2022).

Während Energiepolitik in Friedenszeiten wenig sichtbar im Verborgenen stattfand, wird in Krisenzeiten deutlich, welche politische Brisanz die Energieversorgung hat. Politische Maßnahmen in Form von Tankrabatten, Gasumlagen und Neun-Euro-Ticket sollten zunächst die sozialen Härten ausgleichen, die der Anstieg der Gaspreise nach sich zieht. Zuvor bereits hat Kanzler Olaf Scholz mit der „Zeitenwende" noch nie dagewesene Investitionen in die Aufrüstung der Bundeswehr angekündigt.

Gelesen mit der realistischen Theoriebrille, bringt der Ukraine-Konflikt die deutschen politischen Interessen in der Innenpolitik (sozialer Frieden) und in der Außenpolitik (Aufrüstung zur Abschreckung vor militärischen Gefahren) deutlich zu Tage.

3.3   Liberale Ansätze

Die liberale Deutung der globalen Ressourcenpolitik fällt grundsätzlich anders aus als die der realistischen Schule. Liberale lehnen den Fokus der realistischen Schule auf Konflikt, Krieg und zwischenstaatlichem Misstrauen ab. Anders als der realistische Ansatz, erkennen Liberale zwischenstaatliches Handeln nicht als zentral für politische Entscheidungsfindungen, sondern beobachten auch das Handeln von zivilgesellschaftlichen Organisationen, internationalen Organisationen und Unternehmen. Netzwerke sind zentrale Organisationseinheiten, in die Staaten eingebettet sind. Hier vermischt sich auch der normative Anspruch und das Analyseraster der liberalen Schule. Statt übermächtigen Staaten sehen Liberale Netzwerke, deren Macht durch ihre Einbindung in ein pluralistisches Organisationsgefüge eingebunden ist. Hierbei orientiert man sich am Ideal des „Nachtwächterstaates", der die Funktionsfähigkeit von Märkten möglichst nicht einschränkt, aber gleichzeitig vor Korruption und Misswirtschaft schützt. Die EU wird hierbei als ein Paradebeispiel gesehen, da sie die Freiheiten von Warenverkehr, Dienstleistungen, Personen und Kapital ermöglicht, denen sich einzelne Mitgliedsstaaten nur schwer ohne Sanktionen entziehen können.

AnhängerInnen des liberalen Politikstils kann daher auch ein gewisser missionarischer Eifer nicht abgesprochen werden. So sprechen Börzel und Zürn auch von einer zunehmenden „Aufdringlichkeit" liberaler Institutionen wie der Welthandelsorganisation, die Abweichler der liberalen Handelsordnung sanktioniert (Vgl. Börzel und Zürn 2021)

Liberale Ansätze sehen in realistischen Ansätzen die internationalen Ressourcenmärkte unterschätzt. Empirisch sind Ressourcenmärkte zu unterschiedlichen Graden liberalisiert. Obwohl gerade der Gasmarkt von wenigen Staaten dominiert und politisch als „Waffe" genutzt wird, sehen Liberale sich durch die Normbefolgung vieler internationaler Akteure bestätigt. Akteure wie die EU setzten auf Freihandel und Nicht-Diskriminierung von Handelsakteuren. Initiativen wie die „Extractive Industries Transparency Initiative" (EITI) mit über 50 teilnehmenden Staaten, haben Konjunktur. Allerdings haben die Vereinigten Staaten die Initiative verlassen (EITI 2017).[2] Auch der Kimberley-Prozess, der verhindern soll, dass Blutdiamanten in den Umlauf kommen, wird teilweise kritisiert, weil der Prozess zu einfach zu unterlaufen sei.

KritikerInnen des liberalen Denkens formulieren, dass die Wahrung von Menschenrechten und Demokratie für Liberale häufig ein Vorwand für „humanitäre" militärische Interventionen und zur Durchsetzung geopolitischer und wirtschaftlicher Interessen seien. Demgegenüber verweisen Liberale auf die Unterscheidung von Liberalismus und illiberalen Kräften. Letztere stehen für autoritäre Rechtsstaatsfeindlichkeit, Nationalismus, Verfolgung von Minderheiten und Chauvinismus. Abseits dieser Debattenschauplätze bleibt aber die Einsicht, dass sich liberale Erklärungsmuster vor allen Dingen in Zeiten von internationaler Kooperation und ausgeprägten Handelsfreiheiten anbieten. Handelskriege und zwischenstaatliche Konflikte müssen für Liberale als Anomalien gelten und sind schwer mit liberalem Interpretationsmuster zu

---

[2] Auch wenn US-Präsident Joe Biden anderen multilateralen Abkommen und Organisationen wie der Weltgesundheitsorganisation und dem Pariser Klimaabkommen nach seiner Amtsübernahme wieder beigetreten ist, sind die USA nicht wieder Teil des EITI geworden (Stand April 2023).

erfassen. Generell gilt allerdings eine weitgehend unwiderlegte Einsicht der liberalen Schule, wonach Demokratien untereinander keinen Krieg führen.

Die zentralen Ansatzpunkte des liberalen Ansatzes sind:

- Zentrale Analyseeinheiten sind polyzentrische Netzwerke, in denen der Staat eine geringere Wirkmacht zugesprochen wird.
- Märkten, Demokratie und Menschenrechten werden besondere Eigenschaften zur Konfliktresolution beigemessen.
- Ressourcen werden am gerechtesten verteilt, wenn sie auf freien Märkten gehandelt werden.

3.4   Kritische Ansätze

Kritische Ansätze sind ein Sammelbegriff für marxistische Theoriestränge, dekoloniale Theorie, kritische politische Ökonomie, Dependenztheorien, Weltsystemtheorie und anderen mehr. Zentral ist jeweils die Offenlegung von ausbeuterischen Strukturen des internationalen Systems zur Ausbeutung von natürlichen Ressourcen. Hier steht vor allen Dingen die Frage nach der Vermachtung und kolonialen Denkstrukturen in der internationalen Politik im Vordergrund. Ein wichtiger Baustein hierbei ist die Unterscheidung zwischen Zentrum und Peripherie. Westliche Staaten behalten den Globalen Süden in Abhängigkeit, um ungefertigte Ressourcen billig zu importieren und nach ihrem Import zu veredeln. Westliche Staaten und transnationale Unternehmen mit Sitz in westlichen Metropolen sind hierbei die zentralen Akteure, die notfalls auch mit repressiven Staatsorganen in ressourcenreichen Entwicklungs- und Schwellenländern kooperieren. Zentrales Anliegen der kritischen TheoretikerInnen ist auch die Emanzipation ausgebeuteter Menschen in der Peripherie und die Bewahrung einer intakten Umwelt. Wie an anderer Stelle muss die Analyse an dieser Stelle exemplarisch bleiben. Der Fokus liegt hierbei auf Imperialismustheorien[3] und Dependenztheorien, da sie im besonderen Maße die globale Politik natürlicher Ressourcen in den Blick nehmen. Hierbei wird weniger auf die Unterschiede hingewiesen, sondern versucht, gemeinsame Stränge zu einem Gesamtbild zu verbinden.

Die 1960er Jahre markierten das Ende des klassischen Imperialismus und damit die „Einflussnahme und direkte Intervention der entwickelten kapitalistischen Länder in der sogenannten Dritten Welt" (Heinrich 2010, S. 311). Offen bleibt hingegen die Frage, ob die heutigen ökonomischen Macht- und Handelsstrukturen das Label „imperialistisch" weiterhin zulassen. Zum Verständnis heutiger Imperialismus-Debatten lohnt es sich auch in frühe wirkmächtige imperialismuskritische Schriften zu schauen. Wladimir I. Lenin verfasste das Buch „Der Imperialismus als höchste Stufe des Kapitalismus" gegen Ende des ersten Weltkriegs und verfolgte damit auch „politische Ziele" (Heinrich 2010, S. 321). Lenin theoretisierte die Geschichte als eine stufenweise Bewegung in Richtung Imperialismus und schließlich

---

[3] Sebastian Conrad definiert den Begriff des Kolonialismus auch in seiner Abgrenzung zum Imperialismus: „Was also ist Kolonialismus? Die herkömmlichen Definitionen betonen dreierlei: erstens ein territorial bestimmtes Herrschaftsverhältnis – das unterscheidet Kolonialismus von dem breiteren Begriff des Imperialismus, der auch Formen der informellen Steuerung ohne Ansprüche auf Gebietsherrschaft mit einschließt; zweitens die Fremdherrschaft, die dadurch charakterisiert ist, dass kolonisierende und kolonisierte Gesellschaften unterschiedliche soziale Ordnungen aufweisen und auf eine je eigene Geschichte zurückblicken; drittens schließlich die Vorstellung seitens der Kolonisatoren, dass beide Gesellschaften durch einen unterschiedlichen Entwicklungsstand voneinander getrennt sind" (Conrad 2012, S. 3).

dessen notwendigen Niedergang. Das Buch war Standard-
werk der kommunistischen Parteien vor dem Fall der
Berliner Mauer (Heinrich 2010, S. 324). Die Schrift
wurde kurz vor der Oktoberrevolution 1917, in deren
Zuge Lenin an die Macht kam, im Schweizer Exil ver-
fasst. Imperialismus bedeutete für Lenin den Wettlauf
imperialer Mächte um natürliche Ressourcen (Lenin 1996,
S. 83), die letztendlich in kriegerischer Auseinandersetzung und Stagnation des Kapitalismus münden würden
(ebd., S. 101).

In seinem Beitrag zum Imperialismus versuchte Lenin
nachzuweisen, dass Imperialismus das letzte Stadium
des zu Monopolen tendierenden Kapitalismus dar-
stelle. Die Schlüsselindustrien Kohle und Eisen, die für
industrielle Zwecke genutzt wurden, neigten, so Lenin, in
besonderem Maße zu Monopolen (Lenin 1996, S. 126).
Die Aneignung dieser Ressourcen führe zu dem Versuch
der Ausweitung von Einflusszonen und immer größeren
Konflikten.

Eine besondere Stellung hätten sich laut Lenin Banken
herausgearbeitet. Finanzkapital könne durch immer
größere Finanzbedarfe die internationale Stellung immer
weiter ausbauen. Durch gegenseitige Übernahmen sinke
die Zahl der Geldinstitute und steigt die Konzentration
einzelner Banken und damit auch einer Finanzoligarchie
(Lenin 1996, S. 45 ff.). Der „neue Kapitalismus" löse
damit freien Wettbewerb und kleines und mittel-
ständisches Unternehmertum des „alten Kapitalismus" ab
(Lenin 1996, S. 43). Charakteristisch an dieser „neuen"
und gleichzeitig letzten Stufe des Kapitalismus sei auch,
dass die Welt vollständig zwischen den Großmächten
aufgeteilt sei. Staaten würden als Monopolisten in
Erscheinung treten und gegen private Monopolisten inter-

national Wettbewerb betreiben. Daher komme es folg-
lich zu Verteilungskämpfen zwischen Supermächten, die
sich in strategischen Allianzen mit Industrie- und Finanzkapital befänden. Lenin attackierte besonders die aus-
gesprochenen Befürworter des Imperialismus wie Cecil
Rhodes, der Arbeitskraft und natürliche Ressourcen in den
Kolonien als Reichtumsquellen für den heimischen Markt
ansah und die Ausbeutung der britischen Kolonien im
Namen verarmter BritInnen vorantreiben wollte (Lenin
1996, S. 80). Durch seine monopolistische Tendenz
wohne dem Imperialismus die Tendenz zu „Stagnation
und Verfall" inne (Lenin 1996, S. 101, Übersetzung JF).

Neben Lenins Imperialismustheorie sind bis heute auch
die Schriften des brasilianischen Dependenztheoretikers
Ruy Mauro Marini Teil von regen Debatten zur Ver-
ortung der ökonomischen Stellung von Schwellen- und
Entwicklungsländern. Marini beschrieb nicht allein die
Ausbeutung der sogenannten globalen Peripherie durch
kapitalistische Zentren, wie in vielen Imperialismustheorien üblich, sondern etablierte mit Blick auf Lateinamerika eine dritte Ebene: die der sub-imperialen Staaten
(e.g. Marini 1972). Diese sind wie periphere Staaten
ökonomisch von Imperien abhängig, wenngleich in
geringerem Maße. Sub-Imperialismus nimmt besonders
die ökonomischen Ströme zwischen sogenannten sub-
imperialen Staaten wie Brasilien oder Argentinien zu
ihrem jeweiligen peripheren „Hinterland" in den Blick.
Damit kann man auch von einem „Imperialismus aus der
Mitte" sprechen. Sub-Imperialismus ist unter Anderem
charakterisiert durch: expansionistische Wirtschaftspolitik,
relative Abhängigkeit von Kapital aus dem Ausland,
Kapitalexport staatlicher Industrien und niedrige Kapital-

kontrollen, sowie einem hohen Grad der Ausbeutung von ArbeitnehmerInnen (Finkeldey 2018, S. 113).[4]

Als eine Strategie für periphere und semi-periphere Staaten, dem Imperialismus teilweise zu entkommen, schlug der politische Ökonom Samir Amin „de-linking" vor (Amin 1990; Heinze 2022). „De-linking" stelle keine vollkommene Entkopplung der nationalen Ökonomie von der globalen Wirtschaft dar, sondern richte die Bedürfnisse auf nationale Entwicklungsstrategien. Ziel müsse es sein, den Profit im Inland gleichmäßig zwischen ArbeiterInnen durch „Preis- und Lohnkontrollen" zu verteilen (Heinze 2022, S. 285).

Auch internationalistische Vordenker wie der ehemalige deutsche Bundeskanzler (1969–1974) Willy Brandt machten sich über ungleiche globale Nord-Süd-Beziehungen Gedanken. So charakterisierte Brandt – selbst Friedensnobelpreisträger des Jahres 1971 – „die Nord-Süd-Beziehungen als die große Herausforderung unserer Zeit" (Brandt 2013, S. 31). Dies mündete auch in der Forderung einer „neuen internationalen Wirtschaftsordnung" (ibid., S. 36). Diese würde eine Prioritätsverschiebung von globaler Aufrüstung hin zu globaler

---

[4] In einer Analyse zur Überprüfung der Sub-Imperialismus-These am Beispiel des Ressourcen-Sektors in Südafrika komme ich zu dem Schluss, dass südafrikanische Wirtschaftsakteure auf dem afrikanischen Kontinent vorherrschend sind und damit das politische Geschehen zu ihrem Nutzen auf dem Kontinent prägen. Neben Telekommunikation und Einzelhandel ist der südafrikanische Bergbausektor besonders einflussreich. Hier ist das Energie- und Chemieunternehmen Sasol mit Sitz in Johannesburg und Werken auf vier Kontinenten besonders aktiv (Sasol 2022). Gleichzeitig ist die Lage der südafrikanischen Wirtschaft immer von globalen Finanzzentren abhängig. Die Bonitätsratings der drei Ratingagenturen werden in Südafrika immer von großer Sorge verfolgt, da Staatsfinanzen schnell ins Rutschen geraten. Von der Mittelstellung Südafrikas in der Weltwirtschaft profitieren hingegen nur wenige SüdafrikanerInnen. Auch die in den hochprofitablen Exportsektoren ausgezahlten Löhne sind gering (Finkeldey 2018).

Entwicklungspolitik bedeuten. Demilitarisierung würde gleichsam auch zu einer globalen Entspannungspolitik führen und die Wahrscheinlichkeit von verheerenden kriegerischen Konflikten verringern und damit Hungersnöte verhindern. Die neue politische Ordnung müsse auch von einem neuen Geist der gegenseitigen Verantwortung auch für diejenigen getragen werden, die nicht direkt vor der eigenen Tür leben: Vor allen Dingen die Verantwortung für Flüchtlinge und andere Schutzsuchende. In der Frage der Ressourcenpolitik strebte Brandt einen globalen Interessenausgleich und Entspannungspolitik an:

> Eine stetige und sichere Versorgung mit Rohstoffen kann nur erreicht werden, wenn die Entwicklungsländer frei und ohne Druck entscheiden können und wenn sie durch faire und stabile Preise – sowie wesentlich bessere Chancen der Verarbeitung bei sich selbst – an der weiteren Lieferung interessiert sind. Auch das gehört dazu, wenn man „Gemeinsamkeit von Interessen" interpretieren will. (Brandt 2013, S. 49)

Instrumente dieses Interessenausgleichs sind daher nicht die Einbettung in möglichst ungestörtes globales Marktgeschehen, wie von Liberalen vorgeschlagen, sondern Eingriffe in Form von Entwicklungshilfe und globalen Steuern auf Rüstungsgeschäfte, sowie die Verantwortung und Hilfe für Verfolgte und Geflüchtete. Bei kritischen Ansätzen geht es vor allen Dingen um die globale Verteilung von Ressourcen und nicht unbedingt um Ressourcenschonung.

Zusammengefasst legen kritische Ansätze besonderes Augenmerk auf:

- Koloniale Denkmuster und Ausbeutungsverhältnisse, die im internationalen System fortbestehen.

- Zentral zum Verständnis der globalen Ressourcenpolitik ist das Verhältnis des globalen Nordens zum Globalen Süden.
- Globale Demilitarisierung als einen wichtigen Schritt hin zur Überwindung von Ausbeutungsverhältnissen und Vermeidung von Krieg und Hunger.
- Aus der Sicht von Ländern des Globalen Südens wird der Vorschlag einer Entkopplungs-Strategie zur nationalen Entwicklung gemacht.

3.5   Global Governance und Erdsystem-Governance

Der Erdsystem-Governance-Ansatz speist sich aus dem Global Governance-Ansatz. Global Governance ist eng mit der zunehmenden Globalisierung verbunden (Behrens 2010, S. 96). Globalisierung zeichnet sich durch die Intensivierung des Warenaustauschs aus sowie durch die zunehmende Mobilität von Arbeitskräften. Ebenso beschreibt Globalisierung die Annäherung von Lebensstilen, ermöglicht durch Echtzeitkommunikation und global erhältliche Konsumgüter: Diese Umstände haben zu Wortkreationen wie „Global Village" geführt. Globalisierung steht auch für Beschleunigung und Zunahme von globalen Problemlagen wie der Klimakrise. Im politikwissenschaftlichen Forschungsstrang der Global Governance wird darüber geforscht, wie im Angesicht quantitativ immer mehr grenzüberschreitender Waren-, Finanz-, Menschen- und Datenströme politische Regelungen und Institutionen angepasst und neu gedacht werden. Hierbei wird gezeigt, dass immer mehr Organisationen – sowohl gemeinwohlorientierte wie auch private – auf dem Feld der internationalen Politik aktiv sind. Wichtiger transnationaler Akteur sind hier Banken, die im Zuge von staatlichen De-Regulierungen mehr Handlungsspielraum haben (Behrens 2010, S. 96–97). Internationale Streitschlichtungsverfahren und internationales Recht können als Indiz für zunehmende globale Verregelung gelten (ebd., 101–104).

Global Governance-Ansätze sehen sich dem Vorwurf der Machtvergessenheit ausgesetzt (Behrens 2010, S. 104).[5] Zumeist sind Global Governance-Ansätze normativ der Globalisierung verpflichtet, sehen aber durchaus Mängel in der Ausgestaltung globaler Regelungsprozesse. So schreibt einer der führenden Global Governance Forscher Michael Zürn: „I believe in the normative necessity and the political feasibility of a global governance system that is built on democratic states and consists of accountable and effective international institutions, open borders, and a commitment to human rights" (Zürn 2018, S. vii). Zürn sieht Global Governance eng mit dem Begriff der Autorität (im Sinne von Durchsetzungsfähigkeit) globaler Normen sowie institutionalisierter Beschäftigung mit globalen Problemen, verbunden. Hierbei ist der Fokus auf der Ebene dessen, was auf inter- und transnationaler Ebene tatsächlich verabredet wird. Kritisch anzumerken an dieser Herangehensweise wäre, dass somit der falsche Eindruck

---

[5] Dem entgegen argumentiert Zürn (2018, S. 5): „Power and hierarchy are … integral parts of the governance equation." Biermann sieht Earth System Governance idealerweise am anderen Ende der Hierarchie. Hierbei grenzt er Earth System Governance von Earth System Management ab: „For social scientists, the notion of management would be seen … as closely related to hierarchical steering, planning, and controlling of social relations. Earth system governance management brings connotations of technocratic interference in social processes: the manager who controls, plans and decides. … Instead, global stewardship must be based on cooperation, coordination, and consensus building among actors at all levels" (Biermann 2014, S. 23–24).

entstehen könnte, dass internationale Zusammenarbeit im Regelfall funktioniert. Zürn definiert Global Governance als: *„the exercise of authority across national borders as well as consented norms and rules beyond the nation state, both of them justified with reference to common goods or transnational problems"* (Zürn 2018, 3–4, kursiv im Original). Die beschriebenen Probleme müssen zu einem gewissen Grad öffentlich verhandelt werden und sich auf internationale oder transnationale Normen beziehen. Daher sei z. B. der Hitler-Stalin-Pakt auch wegen seiner Geheimhaltung nicht als Global Governance zu verstehen (Zürn 2018: S. 4). Ein anderes Charakteristikum von Global Governance ist, dass Internationale Organisationen wie der IMF Legitimationsdefizite aufweisen, da sie mit anderen Organisationen im internationalen System nur lose verbunden sind. Auf internationaler Ebene gibt es auch nur schwache institutionelle Strukturen, die die Macht von Staatschefs in Internationalen Organisationen wenig begrenzt: Hier fungieren sie häufig als Legislative und Exekutive in Personalunion (Zürn 2018, S. 10).

Erdsystem-Governance hat seinen Ausgangspunkt wie Global Governance in der globalen Dimension. Beide Forschungsstränge betrachten die verschränkten Interaktionen zwischen regionalen, nationalen und transnationalen politischen Prozessen, wobei der Fokus auf letzterer Dimension liegt. Erdsystemforschung ist lange allein naturwissenschaftlich beforscht worden. Damit versucht die Erdsystem-Governance-Forschung eine Lücke zu schließen, um Konturen und Klarheit für sozialwissenschaftliche Zugänge zum Erdsystem zu erlangen.

Hierbei orientiert sich die Erdsystem-Governance Forschung an Einsichten der Erdsystemforschung, die komplexe Erdsysteme in ihrer Interaktion beschreibt. Die Atmosphäre und Hydrosphäre sowie andere Erdsysteme lassen sich nicht alleinig lokal beschreiben, sondern umspannen unterschiedliche Landesgrenzen. Der menschliche Fußabdruck lässt sich dabei seit Anbeginn des Anthropozäns (siehe Infobox 6) in den Erdsystemen nachweisen. Spätestens seit den 1950er Jahren lässt sich eine deutliche Erhöhung des Drucks auf Erdsysteme u. a. durch Luftverschmutzung, Landnahme und Rohstoffentnahme verzeichnen.

Infobox 6: Anthropozän

Das Anthropozän wird vom Holozän unterschieden. Das Holozän beschreibt das Wärmezeitalter der letzten 11.000–12.000 Jahre, in dem globale Temperaturen sehr stabil blieben.

Mit dem Begriff des Anthropozäns wird das Zeitalter des Menschen beschrieben. Der Einfluss des Menschen auf die Umwelt lässt sich beispielsweise in der Atmosphäre nachweisen. Die Konzentration an CO_2-Partikeln hat sich global durch industrielle Produktion, Transport und industrielle Landwirtschaft stetig erhöht. CO_2-Partikel reflektieren Sonnenstrahlen zurück zur Erde (ähnlich wie beim Ping-Pong) und sorgen somit für den Treibhausgaseffekt. Je mehr CO_2-Partikel in die Atmosphäre gelangen, desto mehr erwärmt sich das Klima.

Schwellenwerte, die den sicheren Bereich des planetaren Lebens anzeigen, wurden in mehreren Bereichen verlassen. Nach dem schwedischen Nachhaltigkeitsforscher Johann Rockström ist von messbaren menschengemachten Indikatoren der Verlust der Biodiversität und damit des Artensterbens am dramatischsten.

Der Erdsystem-Governance-Ansatz beschäftigt sich also spezifischer mit den formalen und informellen politischen Entscheidungsmechanismen zum Schutz der Erdsysteme. Earth System Governance wird von einem der Wegbereiter des Ansatzes verstanden als: „the sum of the formal and informal rule systems and actor networks at all levels of human society that are set up to steer societies toward preventing, mitigating, and adapting environmental change and earth system transformation" (Biermann 2014, S. 9). Earth System Governance soll dabei helfen, die Bedürfnisse heutiger Generationen zu befriedigen, ohne die Bedürfnisse zukünftiger Generationen zu missachten. Damit verfolgt der Earth System Governance nicht allein einen analytischen Zugang, sondern verortet sich auch normativ entlang der in der Erdsystemforschung ausgemachten planetaren Grenzen.

Der Erdsystem-Governance-Ansatz beschäftigt sich damit, wie sich natürliche und menschliche Systeme rasch in den letzten Jahrzehnten verändert haben (ESG 2018). Dabei wird mit Sorge auf globale Indikatoren wie den Verlust von Biodiversität, Frischwasser und Fischbeständen sowie die Ausweitung von Monokulturen geschaut. Erdsystem-Governance hat sich zum Ziel gesetzt, unterschiedliche Weltanschauungen in Beziehung setzen zu wollen und beschreibt die weltpolitische Situation als besorgniserregend fragmentiert oder sogar „chaotisch" (ESG 2018, S. 20).

Ein zentraler Ausgangspunkt für die Beschreibung von Earth System Governance ist die Fragmentierung der Akteure, Gesetzeslagen und Institutionen im internationalen System. Fragmentierung verhindert oder erschwert hierbei global verbindliche Entscheidungen. Diese Diagnose ist in der Governance-Forschung allgemein weit verbreitet. Fragmentierung kann aber dadurch gelindert werden, wenn zentrale Institutionen mit klaren und effektiven Mandaten ausgestattet sind und (nahezu) alle Länder vereinigt. Ein Bespiel, auf das häufig verwiesen wird, ist das „Montreal Protocol on Substances that deplete the Ozone Layer" (Biermann 2014, S. 84). Alle Länder der Welt haben das 1987 vereinbarte Protokoll ratifiziert. Hierbei geht es um das Verbot des Gebrauchs von Ozonschicht schädigenden Gasen wie FCKW. Auf dem anderen Ende des Spektrums findet sich konflikthafte Fragmentierung. Diese entsteht dann, wenn zu einem Themenkomplex unterschiedliche Institutionen existieren, die kaum miteinander verbunden sind und voneinander abgekoppelte Entscheidungsstrukturen aufweisen. Unterschiedliche Normen und Werte können zu Koalitionen führen, die Konflikte miteinander in Kauf nehmen. Als Beispiel nennt Biermann (2014, S. 86) zwei sich in weiten Teilen widersprechende Abkommen zu genetischen Pflanzen: die UN-Konvention zu Biological Diversity und das „Agreement on Trade-Related Aspects of Intellectual Property Rights" (TRIPS) unter der Federführung der Welthandelsorganisation (WTO). Manche KommentatorInnen sehen im Angesicht von Fragmentierung „Clubs" als gute Lösung für Blockaden an. Diese Clubs erheben nicht den Anspruch vollständiger Mitgliedschaft, sondern bilden Zusammenschlüsse, die sich über ein Themencluster besonders einig sind. Biermann hingegen zeigt sich skeptisch gegenüber Club-Initiativen, da er Kohäsion Clubs vorzieht:

A highly fragmented institutional architecture produces solutions that fit the interests only of the few participating countries. There is no guarantee that other countries will join. A quick success in negotiating small-n agreements might run counter to the long-term success if important structural regime elements have not sufficiently been resolved. (Biermann 2014, S. 87)

Aus diesen Vorbehalten gegenüber Fragmentierung stammt auch der Vorschlag, eine Weltumweltorganisation zu gründen. Als Organisation der UN könnte diese

Organisation bereits existierende multilaterale Verträge bündeln (Biermann 2014, S. 99). Hierfür bräuchte es ein vertragliches Rahmenwerk, das ähnlich wie unter der Welthandelsorganisation (WTO) zwischen multilateralen und plurilateralen Einigungen unterscheidet. Multilaterale Verträge müssten alle Länder ratifizieren, die der Organisation beitreten möchten. Plurilaterale Verträge wären in der Weltumweltorganisation möglich, ihnen müssten nicht alle Mitglieder der Organisation zustimmen. Die internen Entscheidungsprozesse müssten laut Biermann (2014, S. 106) durch Mehrheitsentscheidungen getroffen werden, da Konsensentscheidungen Organisationen häufig blockieren würden. In der Konsequenz bedeutet Earth System Governance dann auch, dass Staaten einen Teil ihrer Souveränität abgeben müssen, da sie teilweise Entscheidungen implementieren müssten, denen sie nicht zugestimmt haben (Biermann 2014, S. 113). „Governance above the state" werde beispielsweise in zunehmender Form durch die WTO bereits akzeptiert.

Der Earth System Governance Ansatz erntet teilweise Kritik dafür, dass er Kapitalismus nicht in herausgehobener Weise für die Zerstörung des Erdsystems verantwortlich macht (Albert 2020). In diesem Zug wird analog zur Global Governance Kritiken auch Machtvergessenheit beim Earth System Governance Ansatz bemängelt. Die beiden unterscheiden sich insofern, als dass die Earth System Governance Forschung ein Teilgebiet der Global Governance Forschung in den Blick nimmt und stärker auf Einsichten der Naturwissenschaften und Klimawissenschaften explizit aufbaut.

Zusammengefasst schaut der Erdsystem-Governance-Ansatz auf

- Klimawandel und andere Veränderungen des Erdsystems mit dem Ziel diese Systeme in eine nachhaltige Richtung zu steuern.
- Hierfür werden Einsichten der Global Governance Forschung eingebracht, sind aber nicht damit deckungsgleich.

Literatur

Albert, M. J. (2020). Capitalism and Earth System Governance: An Ecological Marxist Approach. *Global Environmental Politics, 20*(2), 37–56.

Amin, S. (1990) *Delinking. Towards a Polycentric World.* Zed.

ARD. (5. April 2022). *Was wird aus Gazproms Deutschlandgeschäft?* https://www.tagesschau.de/wirtschaft/unternehmen/gazprom-germania-bundesnetzagentur-faq-101.html

Behrens, M. (2010). Global Governance. In A. Benz & N. Dose (Eds.), *Governance – Regieren in komplexen Regelsystemen Eine Einführung* (2. Aufl, S. 93–110). VS Verlag.

Benz, A. (2008). *Der Staat: Grundlagen der politologischen Analyse* (2. Aufl). Oldenbourg.

Biermann, F. (2014). *Earth System Governance: World Politics in the Anthropocene.* MIT Press.

Bleischwitz, R., & Pfeil, F. (Hrsg). (2009). *Globale Rohstoffpolitik.* Nomos.

Brandt, W. (2013). *„Das Überleben sichern" – die Einleitung zum Nord-Süd-Bericht* (25). Schriftenreihe der Bundeskanzler-Willy-Brandt-Stiftung. https://willy-brandt.de/wp-content/uploads/heft_25_nord-sued-bericht.pdf

Bridge, G., & Le Billion, P. (2017). *Oil* (2. Aufl). Polity.

Bunker, S. G., & Ciccantell, P. S. (2005). *Globalization and the Race for Resources.* The Johns Hopkins University Press.

Börzel, T. A., & Zürn, M. (2021). Contestations of the Liberal International Order: From Liberal Multilateralism to Postnational Liberalism. *International Organization, 75*(2), 282–305.

Conrad, S. (2012). Kolonialismus und Postkolonialismus: Schlüsselbegriffe der aktuellen Debatte. https://www.bpb.de/themen/kolonialismus-imperialismus/postkolonialismus-und-globalgeschichte/236617/kolonialismus-und-postkolonialismus-schluesselbegriffe-der-aktuellen-debatte/

Dammert, J. A., Ballesteros, F., Cartagena, A., & González Espinosa, A. C. (6. Mai 2022). Aufgerufen am 3. April 2023 unter https://resourcegovernance.org/analysis-tools/publications/war-ukraine-strategic-challenges-extractive-governance-latin-america#:~:text=Russia%20and%20Ukraine%20are%20major%20exporters%20of%20natural,and%20bring%20the%20global%20food%20system%20to%20collapse.

Dannreuther, R. (2013). Geopolitics and International Relations of Resources. In R. Dannreuther & O. Ostrowski (Hrsg), *Global Resources: Conflict and Cooperation* (S. 79–97). Springer VS.

Dobner, P. (2010). *Wasserpolitik: Zur politischen Theorie, Praxis und Kritik globaler Governance.* Suhrkamp.

Dorninger, C., Hornburg, A., Abson, D.J. von Wehrden, H., Schaffartzik, A., Giljum, S., Engler, J.-O., Feller, R.L., Hubacek, K., Wieland, H. (2021). Global patterns of ecologically unequal exchange: Implications for sustainability in the 21st century. *Ecological Economics, 179*, 106824. https://doi.org/10.1016/j.ecolecon.2020.106824.

Earth System Governance. (2018). *Science and Implementation Plan of the Earth System Governance Project.*

Extractive Industries Transparency Initiative. (2. November 2017). *EITI Chair Statement on United States withdrawal from the EITI.* Aufgerufen am 3. April 2023 unter https://eiti.org/news/eiti-chair-statement-united-states-withdrawal-eiti.

Fanon, F. (2001). *The Wretched of the Earth.* Penguin.

Finkeldey, J. (2018). Lessons from Marikana? South Africa's Sub-Imperialism and the Rise of Blockadia. In J. Grady

& C. Grocott (Hrsg), *The continuing imperialism of free trade: Developments, trends and the role of supranational agents* (S. 113–124). Routledge.

Finlay, M., & Cooper, G. (15. Mai 2022). 10% of the world's wheat comes from Ukraine – will war change that?. *Science Weekly* [The   Guardian]. https://www.theguardian.com/science/audio/2022/mar/15/10-of-the-worlds-wheat-comes-from-ukraine-will-war-change-that.

Goerlitz, A., & Burth, H. (1998). Politische Steuerung: Ein Studienbuch (2. Aufl). Leske und Budrich.

Götze, S., & Joeres, A. (2021). *Die Klimaschmutzlobby: Wie Politik und Wirtschaftslenker die Zukunft unseres Planeten verkaufen*. Piper.

Heinrich, M. (2010). Imperialismustheorie. In S. Schieder & M. Spindler (Hrsg), *Theorien der Internationalen Beziehungen* (3. Aufl, S. 311–342). Barbara Budrich.

Heinze, R. (2022). Eine „Neue Amin-Lektüre"? Der ungleiche Tausch auf dem Weltmarkt und die Rolle des Nationalstaats im Werk von Samir Amin. *Peripherie, 167*(2), 277–299.

Jacobs, A. (2010). Realismus. In S. Schieder & M. Spindler (Hsrg), *Theorien der Internationalen Beziehungen* (3. Aufl, S. 39–64). Barbara Budrich.

Klare, M. T. (2001). *Resource Wars*. Henry Holt and Company.

Klare, M. T. (2012). *The Race for what's left: the global scramble for the world's last resources*. Picador.

Krüger, P. A. (14. Mai 2022). Eine Frage der Glaubwürdigkeit der westlichen Demokratien. *Süddeutsche*. https://www.sueddeutsche.de/politik/russland-ukraine-erdogan-nato-g7-baerbock-1.5584694

Lenin, V. I. (1996). *Imperialism: The highest stage of capitalism*. Pluto.

Marini, R. M. (1972). Brazilian Subimperialism. *Monthly Review, 23*(9), 14–24.

Mbembe, A. (2017). *Critique of Black Reason*. Duke University Press.

Pryke, S. (2017). Explaining Resource Nationalism. *Global Policy, 8*(4), 474–482.

Sasol. (2022). *ABOUT US*. Aufgerufen am 3. April 2023 unter ABOUT US.

Statista. (30. September 2022). *U.S. arms exports 2021, by country*. https://www.statista.com/statistics/248552/us-arms-exports-by-country/

Stephens, B. (29. März 2022). What if Putin didn't miscalculate? *New York Times*. https://www.nytimes.com/newsletters/morning-briefing-europe?channel=odisplay&areas=banner&campaign=INTLMorningBriefing.

U.S. Energy Information Administration. (2017). *World Oil Transit Chokepoints*. https://www.eia.gov/international/content/analysis/special_topics/World_Oil_Transit_Chokepoints/wotc.pdf.

Von Dohnanyi, K. (2022). *Nationale Interessen: Orientierung für deutsche und europäische Politik in Zeiten globaler Umbrüche* (4. Aufl). Siedler.

Wallerstein, I. (2019). *Welt-System-Analyse: Eine Einführung*. Springer VS.

Zürn, M. (2018). *A Theory of Global Governance: Authority, Legitimacy, and Contestation*. Oxford University Press.

4

Mein Fußabdruck und die Welt da draußen: Ressourcenpolitik im globalen Mehrebenensystem

4.1 Liegt es in meiner Hand Ressourcen zu sparen?

Unter politischem Mehrebenensystem versteht man unterschiedliche zusammengefasste politische Untersuchungsebenen, die miteinander in Beziehung gesetzt werden können. In der Analyse der Mikroebene der Ressourcenpolitik werden individuelle Verhaltens- und Handlungsmuster betrachtet.[1] Auf der Makro-Ebene befindet sich das gesamte politische System (mindestens die nationalstaatliche Ebene, bis in die globale Ebene).

„Frage nicht, was dein Land für dich tun kann, sondern was du für dein Land tun kannst!" Dieser Satz

---

[1] Dazwischen befindet sich außerdem die Meso-Ebene, auf der Regionen oder Gruppen untersucht werden. Im Folgenden werden ich mich vor allen Dingen auf die Mikro- und Makroebenen beziehen.

J. J. Finkeldey, *Globale Ressourcenpolitik,* Elemente der Politik, https://doi.org/10.1007/978-3-658-42175-5_4

von John F. Kennedy könnte in abgewandelter Form lauten: „Frage nicht, welche Ressourcen dein Land für dich einsparen kann, sondern welche Ressourcen du für dein Land und den Planeten einsparst." Klima- und Ressourcendiskussionen drehen sich häufig um die Frage individueller Verantwortung, vermehrt auch mit dem Fingerzeig auf andere. Die Langstreckenflüge von Klima-AktivistInnen lösen vor allen Dingen heftige Reaktionen bei Menschen aus, die selber häufiger im Langstreckenflug sitzen. Warum ist das so? Die einen sprechen an dieser Stelle genüsslich von „Doppelmoral". CDU-Vorsitzender Friedrich Merz, der selber einen Pilotenschein besitzt und manche Termine mit dem Flugzeug anfliegt, spottete über ein Aktivistenpaar der sozialen Bewegung „Letzte Generation", das nach Bali flog (Kiffmeier 2023). Für Meinungsmacher wie den Chefredakteur Ulf Poschardt von WeltN24, die Stimmung gegen die „Letzte Generation" machen, war es bezeichnend, dass selbst die „Anti-Demokraten" (Porschardt 2022) sich ins Flugzeug setzen. In gewisser Weise spricht aus der Reaktion auch Erleichterung. „Enttarnt" man die Klima-AktivistInnen, ist der eigene Lebensstil nicht mehr gefährdet, denn: „Seht her, am Ende fliegen die genauso wie wir in den Urlaub". SympathisantInnen der „Letzten Generation" schlugen die Hände über dem Kopf zusammen oder fühlten sich ertappt. Klima-AktivistInnen wurde kurzfristig aufgrund der individuellen Reiseentscheidung die Glaubwürdigkeit abgesprochen.

In abgeschwächter Form findet sich eine ähnliche Form des alltäglichen Ringens um die Nachhaltigkeit in westlichen Konsumgesellschaften vermehrt in den Köpfen statt: Sollte ich mir mein Essen und Waren von Lieferdiensten an die Haustür bringen lassen? Sollte ich auf Fleisch verzichten? Sollte ich lieber das Fahrrad statt das Auto nehmen? Hinter diesen Fragen steht aber die

Problemstellung: Liegt es in unserer Hand? Anders aus-
gedrückt: Würde die Summe möglichst nachhaltiger
Konsum- und Lebensstilentscheidungen die Probleme von
Ressourcenübernutzung und Klimawandel beheben? Hier-
für wollen wir uns einmal mit der Konsum-Bilanz privater
Haushalte in Deutschland auseinandersetzen.

Waren und Dienstleistungen verbrauchen natürliche Ressourcen: Je nach Ressourcenverbrauch bei der
Produktion, Konsum oder Entsorgung. Deutsche Haushalte weisen hierbei im internationalen Vergleich einen
hohen Ressourcenverbrauch auf. Hier werden pro Kopf
jährlich 16,0 t Rohstoffe verbraucht. Dieser Wert von
2019 ist unwesentlich geringer als 2008, als der pro Kopf
Konsum bei 16,7 t lag. Im Vergleich liegt damit der Rohstoffkonsum pro Kopf höher als im europäischen Durch-
schnitt, der 2018 bei 14,5 t war.[2] Aufgeschlüsselt nach
Rohstoffen, lässt sich im Zeitverlauf sehen, dass der Verbrauch von fossilen Energieträgern zwischen 2008 und
2019 um 14 % gesunken ist. Der Verbrauch von Metallerzen ist im selben Zeitraum um 12 % gestiegen. Insgesamt sind in deutschen Haushalten Ernährung (28 %)
und Wohnen (26 %) die größten Ressourcenverbraucher.
Mobilität ist für 18 % des Ressourcenverbrauchs von
privaten Haushalten verantwortlich (Lutter et al. 2022,
S. 45 ff.).

Für Ernährung werden monatlich 169 kg Rohstoffe
verbraucht. Neben den nachwachsenden Rohstoffen,

---

[2] Der Pro-Kopf-Konsum in Frankreich und den Niederlanden war im Zeitraum
2008–2019 geringer als in Deutschland (Lutter et al. 2022, S. 46–47). Fast
doppelt so hoch wie in Deutschland ist der Ressourcenverbrauch in Estland.
Noch mehr als in Deutschland werden in Estland heimische fossile Brennstoffe
zur Energiegewinnung genutzt. Estland nutzt einen hohen Anteil an Ölschiefer
zur Energiegewinnung (Ritchie et al. 2022). Besonders hohe Einsparung gab
es im selben Zeitverlauf auf Malta, wo gerade der Anteil fossiler Energieträger
deutlich gesunken ist.

die direkt verkonsumiert werden, benötigt man zur Herstellung von Essen auch fossile Brennstoffe zum Betrieb landwirtschaftlicher Maschinen und zum Heizen von Gewächshäusern. Hinzu kommen Düngemittel und Rohstoffe, die zur Verpackung und Konservierung gebraucht werden (Lutter et al. 2022, S. 48).

Es stimmt, dass es im Ressourcenverbrauch einen erheblichen Unterschied macht, was auf unseren Tellern landet. Statt der 1150 g Fleisch- und Wurstwaren (Stand: 2020), die Deutsche wöchentlich statistisch gesehen konsumieren, würden 300 g für ein gesundes Leben reichen (Lutter et al. 2022, S. 90). Für ein Kilogramm Rindfleisch werden durchschnittlich 20.000 l Wasser und 7 m^2 Landfläche verbraucht. Die CO_2-Bilanz ist über dreizehn Mal höher als bei der Produktion von Tofu (hier liegt der Wasserverbrauch bei 7000 l und die Flächennutzung bei 0,5 m^2). Zur Produktion eines Kilos Nudeln fallen zum Vergleich 600 l Wasser an, werden 0,4 m^2 Land genutzt und 0,7 kg CO_2-Äqivalente emittiert (Lutter et al. 2022, S. 79). Würde außerdem der Konsum mehr aus regionalen und saisonalen Produkten bestehen, ließe sich der Ressourcenkonsum im Bereich Ernährung um rund ein Drittel verringern.

Größere Einsparmöglichkeiten sind im Bereich Wohnen möglich. Hier müssten Gebäude nach hohen energetischen Standards umgerüstet und Materialien verbaut werden, die das Raumklima verbessern. Wenn gleichzeitig die durchschnittliche Wohnfläche pro Kopf von heute 46 m^2 auf 41 m^2 verringert würde und der Anteil an Mehrfamilien- gegenüber Einfamilienhäusern steigen würde, ließe sich der Rohstoffkonsum im Bereich Wohnen in privaten Haushalten um 85 % bis 2050 senken.

Auch der Bereich Mobilität bietet enorme Einsparmöglichkeiten. Gerade StadtbewohnerInnen haben die

Möglichkeit weniger Treibhausgase mit dem Gebrauch von Fahrrad, Carsharing und öffentlichen Verkehrsmitteln zu verbrauchen. Der Pkw-Bestand könnte sich bis 2050 um ein Drittel verringern. Dadurch könnten auch bisher versiegelte Parkplatzflächen begrünt werden. Sparpotentiale gibt es ebenfalls im Tourismus: Können die Urlaubsziele auch mit Bus oder Bahn erreicht werden? (Lutter et al. 2022, S. 90).

Auch Ratgeber rufen zur „do it yourself" (DIY) Ressourcenschonung auf. Auf dem Blog „CareElite" gibt der Umweltwissenschaftler Christoph Schulz zehn Tipps wie man im Alltag ressourcenschonend leben kann (Schulz 2020):

1. Fleisch reduzieren
2. Energie sparen
3. Wasser sparen
4. Kleidung wertschätzen
5. Papier sparen
6. Lebensmittelverschwendung vermeiden
7. Minimalistisch denken
8. Bewusster Umgang mit Technik
9. Umweltbewusster Auto fahren
10. Müll vermeiden

Passend hierzu hat der World Wildlife Fund (WWF) errechnet, dass der Erdüberlastungstag (Earth Overshoot Day) um sieben Tage nach vorne verschoben werden kann, wenn der weltweite Fleischkonsum um 50 % zurückginge (WWF 2022).

Die Umsetzung der genannten Lebensstilveränderungen würden dazu führen, den individuellen Ressourcenverbrauch deutlich zu senken. Das Bundesumweltamt sieht sogar die Möglichkeit 63 % des Rohstoffkonsums bis 2060 herunterzufahren, wenn „alle Menschen ihren

Lebensstil nachhaltig gestalten" (Lutter et al. 2022, S. 81). Nach Ansicht des Bundesumweltamtes geht ein ressourcenschonenderer Lebensstil nicht an den Bedürfnissen der Menschen vorbei (ebd., S. 91). Inwieweit nachhaltige Lebensstile von der Politik national und international begünstigt oder erschwert werden, ergründe ich in den nächsten zwei Unterkapiteln.

4.2   Deutschlands Ressourcenpolitik in globalen Lieferketten

Welche Ziele verfolgt Deutschlands Ressourcenpolitik? Das Hauptanliegen der deutschen Ressourcenpolitik und der deutschen Großindustrie ist die Versorgungssicherheit von kritischen Ressourcen. Hieraus folgt gemäß dem marktwirtschaftlich verstandenen Politikfeld Ressourcenpolitik eine starke Betonung der Wichtigkeit des Freihandels und technischer Innovationen zur Ressourcengewinnung (Werland 2012, S. 4, S. 6–7).

Deutschlands Wirtschaft ist sehr stark in globale Handelsketten eingebunden (siehe auch Abschn. 1.5). Was den Handel von Rohstoffen angeht, ist Deutschland anders als die USA und China extrem importabhängig (siehe Abb. 4.1). Der Importanteil einzelner natürlicher Ressourcen hängt stark von heimischen Vorkommen ab. Bei Metallerzen beziffert sich der Importanteil auf 99,9 %, bei nicht-metallischen Mineralien wie Phosphor oder Magnesium liegt er bei 32 %, bei fossilen Energieträgern bei 79 % und Biomasse wird zu 47 % importiert. Mit Blick auf die Herkunft von natürlichen Ressourcen für den heimischen Verbrauch und Produktion ist der Anteil an heimischen Ressourcen im Zeitraum von 1994 und 2018 stark zurückgegangen. Kamen Mitte der

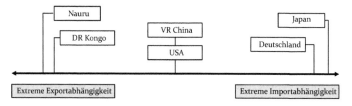

Abb. 4.1 Import- und Exportabhängigkeit bei metallischen und mineralischen Rohstoffen. (Quelle: Wernert 2019, S. 146)

90er noch rund die Hälfte der natürlichen Ressourcen in Deutschland aus heimischer Produktion, war es 2018 lediglich noch ein Viertel (Lutter et al. 2022, S. 30). Von den zum Konsum importierten Rohstoffen kommt rund die Hälfte aus Ländern außerhalb der EU. Durch die langen Handelswege haben diese Importe einen höheren Ressourcenverbrauch (einen größeren fossilen Ressourcenrucksack).[3] In diesem Zusammenhang kann man auch den Rohstoffeinsatz der deutschen Wirtschaft für den Primären-, Sekundären, Tertiärensektor unterscheiden (Bundesumweltamt 2020, S. 36). Im Primärsektor werden unverarbeitete Produkte direkt für den Endverbrauch aus der Umwelt entnommen: Beispiele sind hier landwirtschaftliche Produkte oder Bergbau. Beide Wirtschaftszweige sind in Deutschland vergleichsweise klein, daher werden im Primärsektor auch nur 6 % der

---

[3] Um den Fußabdruck des Ressourcenverbrauchs zu messen, gibt es zwei Rechenarten. Einmal den direkten Materialeinsatz (DMI), der im Inland entnommene Rohstoffe und direkte Rohstoffimporte enthält. Außerdem gibt es die Messung des Primärrohstoffeinsatzes (RMI). Der RMI misst neben den vom DMI erhobenen Daten die „Rohstoffrucksäcke der Importe" und zeichnet damit „ein umfassenderes Bild, da er den Rohstoffeinsatz der Wirtschaft für die Herstellung von Gütern beziffert, die für die Endnachfrage im Inland oder für den Export bestimmt sind. Dazu gehören auch Zwischenprodukte, die im Ausland zu Produkten für die Endnachfrage verarbeitet werden" (Lutter et al. 2022, S. 36).

gesamten Rohstoffe verbraucht. Der verarbeitende Sektor oder Sekundärsektor verbraucht mit 50 % am meisten Ressourcen. In diesem Bereich fallen beispielsweise sowohl Rotorblätter für Windparks wie Bauteile für Autos. Der tertiäre Sektor bietet Dienstleistungen wie das Bauwesen oder Finanzdienstleistungen an. Hierauf entfallen insgesamt 44 % der Ressourcen (siehe Abb. 4.2).

In Deutschland wird viel produziert und verkauft. Hierfür braucht es Ressourcen, die größtenteils aus dem Ausland importiert werden. Auch nach Corona-Lieferengpässen ist das globale Rohstoffumfeld zunehmend angespannt. Wie im nächsten Unterkapitel gezeigt wird, setzt Deutschland hierbei vor allen Dingen auf Marktinstrumente. Allerdings ist auch zu erkennen, dass die Sorge um Versorgungssicherheit auf der einen Seite und nachhaltige Aspekte auf der anderen Seite stärkere Betonung finden.

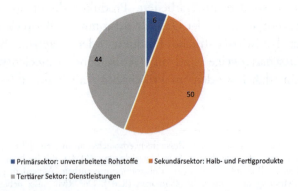

Rohstoffeinsatz der deutschen Wirtschaft

■ Primärsektor: unverarbeitete Rohstoffe   ■ Sekundärsektor: Halb- und Fertigprodukte
■ Tertiärer Sektor: Dienstleistungen

Abb. 4.2 Rohstoffeinsatz der deutschen Wirtschaft nach Sektoren (Quelle: Daten des Bundesumweltamts (2022, S. 36), eigene Darstellung)

4.2.1 Die Rohstoffstrategien der Bundesregierung

Die Rohstoffstrategien der Bundesregierung sind zunächst einmal Ausdruck der Sorge um die industrielle Versorgungssicherheit Deutschlands. Hierzu gehört die energetische Versorgungssicherheit sowie die Stellung Deutschlands als Hochtechnologiestandort. Sowohl die nun vorgestellten letzten beiden Rohstoffstrategien und die darauf folgenden Ressourceneffizienzpläne sind laufende Programme, die auch den Absichten der Ampel-Regierung entsprechen, wie mit Verweisen auf den Koalitionsvertrag deutlich gemacht wird. Im Folgenden wird zunächst einmal auf die Kernpunkte und Unterschiede der beiden Rohstoffstrategien der deutschen Bundesregierung aus dem Jahr 2010 und der aktuellen Strategie aus dem Jahr 2019 hingewiesen.

Der ersten Rohstoffstrategie der Bundesregierung aus dem Jahr 2010 vorausgegangen war ein interministerieller Ausschuss zum Thema Rohstoffe, der 2007 seine Arbeit aufgenommen hat (BMWi 2010, S. 6). Die Rohstoffstrategie der Bundesregierung aus dem Jahr 2010 sah Märkte als zentrale Akteure. Das Credo des Berichts lautet: „Funktionierende Märkte sorgen … für stabile Verhältnisse und langfristige Versorgungssicherheit" (BMWi 2010, S. 6). „Rohstoffaußenpolitik" mit anderen Ländern und rechtliche Leitlinien im Inland und Förderung ordnungspolitischer Vorstellungen im internationalen Handel sollen dabei den Rahmen mit dem Ziel der Versorgungssicherheit bieten. Ganz im Sinne ordnungspolitischer Vorstellungen sieht hierbei die Bundesregierung ihre Aufgabe darin, „politische, rechtliche und institutionelle Rahmenbedingungen … zu einer nachhaltigen, international wettbewerbsfähigen Rohstoffversorgung der deutschen Industrie" zu gestalten (ibid.).

Ausdrücklich ablehnend stand der Staat eigener Rohstoff-förderung- oder Exploration durch staatseigene Unternehmen gegenüber (BMWi 2010, S. 8). Vielmehr ging es um eine abgestimmte Arbeitsteilung der deutschen Wirtschaft und dem deutschen Staat (BMWi 2010, S. 21). Entwicklungspolitik und Wirtschaftspolitik sind in den Außenhandelsbeziehungen eng verzahnt. Die Akzentsetzung der Entwicklungspolitik ist hierbei etwas stärker auf Entwicklungschancen der Handelspartner, die mitunter auch die Möglichkeit für Importzölle offenlässt, zugeschnitten (Rüttinger et al. 2016, S. 11). Wirtschaftspolitik ist eher auf die Versorgungssicherheit Deutschlands mit natürlichen Ressourcen bedacht.

Die Rohstoffpolitik der Bundesregierung aus dem Jahr 2010 verfolgte neun Kernziele, wobei gerade für Deutschland als Rohstoffimportnation das Funktionieren globaler Lieferketten und Abbau von Handelshemmnissen gewissermaßen Staatsraison bleibt. Die Rohstoffstrategie definiert daher den Abbau von Handelshemmnissen und die Bekämpfung von Wettbewerbsverzerrungen als besonders entscheidend für den Wirtschaftsstandort Deutschland. Hier werden sowohl multilaterale (WTO-Verhandlungen, Streitschlichtungsverfahren) wie bilaterale Instrumente (Freihandelsabkommen, bilateraler Dialog) genutzt. Außenpolitisch soll ein „investitionsfreundliches Klima geschaffen werden, von dem auch die deutsche Wirtschaft profitieren kann" (BMWi 2010, S. 23). Länder, die in ihrer Gesetzgebung Handelshemmnisse für Rohstoffe aufbauen, schadeten direkt der deutschen Wirtschaft:

> Die stark gestiegene Nachfrage nach zahlreichen wichtigen Industrierohstoffen hat allerdings dazu geführt, dass verschiedene Länder handelspolitische Maßnahmen (u. a. Exportzölle, Exportquoten, Importvergünstigungen)

ergriffen haben, die die jeweilige heimische Industrie begünstigen und damit den internationalen Wettbewerb verzerren. Exportrestriktionen wie Exportzölle, -quoten u. ä. sind vor allem bei metallischen Rohstoffen, aber auch Energieträgern zu verzeichnen. Dieses Vorgehen kann mittelfristig Wachstum und Beschäftigung in Deutschland gefährden. Die Bundesregierung wird deshalb im Rahmen der EU-Handelspolitik nachdrücklich darauf drängen, dass den Verzerrungen im internationalen Rohstoffhandel noch konsequenter als bisher begegnet wird (BMWi 2010, S. 9).

Bereits 2010 formuliert die Bundesregierung sechs flankierende Instrumente: Finanzkredite, die sich bis zum nächsten Rohstoffbericht 2019 auf rund 4,4 Mrd. EUR belaufen haben (BMWi 2019, S. 5), Investitionsgarantien, Exportgarantien, geologische Vorfelderkundungsarbeiten, Explorationsförderung und Raumplanung für heimische Rohstoffgewinnung. Besonders im Angesicht des „weltweiten Wettbewerb[s] um Rohstoffe" hat der deutsche Staat ein institutionelles globales Netzwerk geschaffen, das unter anderem „klassische" außenpolitische Akteure wie das Auswärtige Amt, aber auch die Auslandshandelskammern und die Bundesbeteiligung Germany Trade and Invest – Gesellschaft für Außenwirtschaft und Standortmarketing mbH bereit stellt (BMWi 2010, S. 21). Dabei wird klar, dass die flankierenden Maßnahmen häufig eng an die Tätigkeitsfelder der Unternehmen heranrücken. So möchte der Staat keine eigenen Beteiligungen an Rohstoffexploration oder -extraktion, sieht aber die Notwendigkeit Lieferbeziehungen frühzeitig in den Lieferketten zu begleiten. Institutionell stehen hierfür staatliche Institutionen wie die Bundesanstalt für Geowissenschaft und Rohstoffe (BGR) bereit, die geologische Daten und Forschungsarbeiten anbietet. Explizit weist die Rohstoffstrategie auch auf die Ausbildung von Nachwuchskräften im Bereich Rohstoffwirtschaft und Bergbau hin, die weiter gezielt speziell durch heimische Fachkräfte gefördert werden soll (BMWi 2010, S. 13).

Andeutungsweise findet sich in der letzten 2019 formulierten Rohstoffstrategie eine Abkehr von einem marktwirtschaftlich-flankierten hin zu einem politisch-gesteuerten Ansatz. Die Rohstoffstrategie der Bundesregierung von 2019 sieht das Politikfeld einer „zunehmend komplexen Rohstoffwelt" gegenüber (Deutsche Bundesregierung 2019, S. 3). Diese veränderte Umwelt sei besonders durch „Nachfrageveränderungen durch disruptive Technologien, Handelsstreitigkeiten, hohe Marktmacht einzelner Akteure sowie gestiegene Anforderungen, sozial- und umweltgerechte Lieferketten und die Achtung menschenrechtlicher Sorgfaltspflichten" gekennzeichnet (ibid.). Während die erste Rohstoffstrategie im 2010 vor allen Dingen von Sorgen vor hohen Rohstoffpreisen geprägt war, ist die 2019er Strategie unter dem Eindruck sich verschärfender Abhängigkeiten von Importen formuliert worden (Deutsche Bundesregierung 2019, S. 4). Weiterhin spiegelt der Bericht die ordnungspolitischen Vorstellungen des Ministeriums wider und möchte die „Leitplanken der deutschen Rohstoffpolitik unten den veränderten rohstoffwirtschaftlichen Rahmenbedingungen neu" ausrichten (Deutsche Bundesregierung 2019, S. 6). Unter diese Rahmenbedingungen fallen erhöhte „Beschaffungsrisiken", die unter anderem durch staatliche Interventionen in das Marktgeschehen hervorgerufen würden (Deutsche Bundesregierung 2019, S. 8). Zu den Störfaktoren für internationalen Handel werden, anders als 2010, auch gewalttätige Auseinandersetzungen wie „Piraterie, Terrorismus und Regionalkonflikte" genannt (ibid.).

Die Rohstoffstrategie setzt sich auch mit den Folgen der angestrebten Beschleunigung der Energiewende auseinander, die eine enorme Nachfrage nach Seltenen Erden, Kupfer und Metallen wie Indium, Gallium, Kadmium und Tellur nach sich zieht (Deutsche Bundesregierung 2019, S. 10). Ferner steigt die Bedeutung von Metallen und Industriemineralien stetig, um die Umstellung auf Erneuerbare Energien zu sichern (ibid., S. 13).

Die Ampel-Regierung schreibt in ihrem Koalitionsvertrag, dass sie „unsere Wirtschaft bei der Sicherung einer nachhaltigen Rohstoffversorgung unterstützen" möchte (SPD, Grüne und FDP 2021). Hiermit schreibt die Bundesregierung den Kurs der Rohstoffstrategien fort. Auch das Ziel, freien Handel zu begünstigen, findet sich fast wortgleich zur Rohstoffstrategie im Koalitionsvertrag wieder. Allerdings müsse dieser „regelbasierte Freihandel auf Grundlage von fairen sozialen, ökologischen und menschenrechtlichen Standards" funktionieren (ebd., S. 34).

Obwohl energetische Rohstoffe nicht Teil der Rohstoffstrategien sind, muss der Elefant im Raum Erwähnung finden: Die Energiewirtschaft ist der größte Verursacher deutscher Treibhausgasemissionen. Seit 1990 ist die heimische Primärenergiegewinnung um rund die Hälfte eingebrochen. Die Energiewirtschaft ist stark auf Importe von energetischen Rohstoffen angewiesen. Steinkohle und Uran werden zu 100 % importiert. Die Importquote von Mineralöl liegt bei 98,1 %, bei Erdgas bei 94,8 %. Lediglich bei Braunkohle und erneuerbarer Energie besteht ein leichter Exportüberschuss (BMU 2022). Nach dem beschlossenen Kohleausstieg wird in Zukunft entscheidend sein, auf welche Energiequellen Deutschland in Zukunft setzt.

4.2.2 Instrumente der Rohstoff-Außenbeziehungen

Als rohstoffarmes Industrieland ist Deutschland in besonderer Weise auf gute Rohstoff-Außenhandelsbeziehungen angewiesen. Ein im Rohstoffbericht 2010 angestrebtes Instrument ist der Aufbau von Rohstoffpartnerschaften. Diese sollen die Rohstoffversorgung Deutschlands sicherstellen (BMWi 2010, S. 24). Grundlage von Rohstoffpartnerschaften sind völkerrechtliche Verträge (Dahlmann und Mildner 2012, S. 1).

Übergeordnetes Ziel der Rohstoffpartnerschaften ist es die Rohstoff-Versorgungssicherheit der deutschen Industrie zu sichern. Neben dem federführend beteiligten Ministerium für Wirtschaft und Klimaschutz sind hierbei das Auswärtige Amt (AA), das Bundesministerium für wirtschaftliche Zusammenarbeit und Entwicklung (BMZ) sowie das Bundesumweltministerium (BMU) beteiligt. Arbeitsteilig kümmert sich hierbei eine Regierungsarbeitsgruppe um die Einhaltung der jeweiligen Verabredungen, wobei sich die Unternehmen um die wirtschaftlichen Beziehungen bemühen.

Die Rohstoffpartnerschaften erfuhren nach anfänglichem Interesse keine große Resonanz und zeigten sich nur begrenzt geeignet, die Ziele der deutschen Rohstoffstrategie zu erfüllen (Rüttinger et al. 2016; Dahlmann und Mildner 2012). Als besondere Herausforderung wird genannt, dass ein einheitliches Instrument für sehr unterschiedliche lokale Gegebenheiten in Partnerländern bereitsteht. Insgesamt ist auch wenig ersichtlich, welche rohstoffpolitischen Maßnahmen konkret auf das Instrument der Rohstoffpartnerschaften zurückzuführen sind (Bundesregierung 2020, S. 2).

Die Rohstoff-Außenhandelsbeziehungen der Bundesrepublik mit der Mongolei, Kasachstan und Peru haben
jeweils eigene Akzentuierungen und verlaufen unter
Berücksichtigung unterschiedlicher Standards. Rohstoffpartnerschaften werden besonders bei hohen Rohstoffpreisen nachgefragt. Sinken Rohstoffpreise, ist auch das
Instrument der Rohstoffpartnerschaften für Unternehmen
weniger interessant (Rüttinger et al. 2016, S. 28; Bundesregierung 2020, S. 2). Seitens des Ministeriums für Entwicklungshilfe sind rohstoffrelevante Projekte in der
Mongolei, Kasachstan und Peru durchgeführt worden.
Diese zielen auf nachhaltiges Rohstoffmanagement in
der Mongolei, Verbesserung der marktwirtschaftlichen
Ordnung in Kasachstan und Nachbarländern sowie auf
regionale Kooperation zur Gestaltung des nachhaltigen
Bergbaus in Peru und anderen Andenländern ab (Bundesregierung 2020, 6–8).

Sechs konkrete Projekte wurden in der Antwort auf
eine Kleine Anfrage der FDP-Fraktion im Bundestag
für den Zeitraum ab 2010 genannt, die vom Bundesministerium für Wirtschaft und Energie gefördert wurden.
Das mit knapp einer Million Euro teuerste Projekt der
Rohstoffpartnerschaft ist der Aufbau der Kontaktstelle
des Deutsch-Mongolischen Wirtschaftsausschusses in
Hamburg und Ulan Bator (Bundesregierung 2020, S. 4).
Andere Projekte zielen auf die Unterstützung der Entwicklung des rechtlichen Rahmens im Bergbausektor
oder die Entwicklung von Arbeitsschutzkonzepten ab
(ibid., S. 3). Weder werden seitens der Bundesregierung
weitere Rohstoffpartnerschaften angestrebt noch soll
das Instrument durch Dritte evaluiert werden. Tenor der
Bundesregierung bleibt, dass die Rohstoffpartnerschaften
ein geeignetes flankierendes Instrument darstellen, aber

das Instrument weder in anderen Schwellenländern noch in europäischen Ländern ausgebaut werden soll (Bundesregierung 2020).

Wie das geringe Finanzvolumen für die Rohstoffpartnerschaften zeigt, ist die deutsche Politik scheinbar nur bedingt bereit, direkt in den Welthandel einzugreifen. Das offizielle Instrument der Rohstoffpartnerschaften wurde nur zögerlich genutzt. Allerdings sichert sich Deutschland bei energetischen Rohstoffen wie Gas bilateral Zugang zu großen Vorkommen. Nach dem Aus der umstrittenen Nord Stream Pipelines, die russisches Gas nach Deutschland geliefert haben, stand die vereinbarte Lieferung von Flüssigerdgas ab 2026 aus Katar in der Kritik (Tagesschau 2022). Diese Lieferungen werden nicht von der Rohstoffstrategie erfasst, da diese sich nur mit nicht-energetischen Rohstoffen befasst. In anderen Ländern gibt es umfassendere Strategien, die sich anders als in Deutschland nicht nur mit einer Teilgruppe von Ressourcen befassen (Dittrich et al. 2023, S. 326, siehe auch Abschn. 4.3).

4.2.3 Ressourceneffizienz und nachhaltige Ressourcen-Nutzung

Bei der Frage nach Ressourceneffizienz geht es um den sparsamen Umgang mit natürlichen Ressourcen. Das Berichtswesen und der Austausch über die Ressourceneffizienz in Deutschland haben sich über das letzte Jahrzehnt immer weiter institutionalisiert. Der Bundestag wird alle vier Jahre über den Stand der Ressourceneffizienz in Deutschland unterrichtet und halbjährig findet ein Bund-Länder-Treffen zur Ressourceneffizienz statt. Außerdem gibt es zahlreiche Arbeitsformate zwischen Agenturen des Bundes und der Länder zum Thema (BMU 2020, S. 11).

In Abstimmung unter den unterschiedlichen föderalen Ebenen entstehen auch die „Deutschen Ressourceneffizienzprogramme".

Während die Rohstoffstrategie der Bundesregierung federführend vom Wirtschaftsministerium verabschiedet wird, kommen die deutschen Ressourceneffizienzprogramme aus der Feder des Bundesministeriums für Umwelt, Naturschutz und nukleare Sicherheit (BMUV). Das aktuelle Ressourceneffizienzprogramm III (2020–2023) ist vom Umfang doppelt so lang wie die Ressourcenstrategie und bietet einen erschöpfenden Katalog an Maßnahmen zur Ressourcenschonung. Während die Rohstoffstrategien zuvorderst von der Sorge getragen werden, die Versorgungssicherheit zu garantieren und Handelswege zu sichern, legt das Ressourceneffizienzprogramm einen Schwerpunkt auf dem Thema der nachhaltigen Ressourcenentwicklung. Natürliche Ressourcen werden hier nicht allein vor dem Standpunkt des „Wirtschaftsstandorts Deutschland" und seiner „Wettbewerbsfähigkeit" gesehen, sondern auch mit dem Ziel verbunden, die „Lebens- und Arbeitsverhältnisse der Menschen zu verbessern" (BMU 2020, S. 6). Übergeordnetes Ziel des Ressourceneffizienzprogramms ist, dass wirtschaftliches Wachstum vom Ressourceneinsatz entkoppelt wird. So lässt sich auch das Ziel der Ampel-Koalition zur „Senkung des primären Rohstoffverbrauchs" bei gleichzeitigem wirtschaftlichen Wachstum verstehen (SPD, Grüne und FDP, S. 42). In diesem Zusammenhang errechnet das Umweltministerium die Gesamtrohstoffproduktivität nach dem Maßstab, „wie viel Wertschöpfung pro Tonne Rohstoffeinsatz" erwirtschaftet wird (BMU 2020, S. 23).

Klima- und Ressourcenschutz werden hierbei eng zusammengedacht. Besonderheit am Effizienzprogramm ist, dass es an einen Beteiligungsprozess gekoppelt ist: Der Bürgerdialog „GesprächsStoff: Ressourcenschonend leben" spielt Handlungsempfehlungen an die Bundesregierung zurück. An diesem Dialog nahmen im Mai 2019 ungefähr 230 zufällig ausgewählte BürgerInnen in Ludwigshafen, Hannover und Erfurt teil. Die Bürgerempfehlung mit den meisten Stimmen war eine Empfehlung für ein „nachhaltiges Verkehrssystem". Hinter dieser Empfehlung steckt die Aufforderung, die Infrastruktur für nachhaltigen Verkehr in die Wege zu leiten. Der Vorschlag drängt auf ambitionierteren Ausbau der Infrastruktur von emissionsarmen Fortbewegungsmitteln (z. B. ÖPNV, Rad) und gleichzeitiger Besteuerung von Fortbewegungsmitteln mit größerem Fußabdruck (z. B. Flugzeug).

Infobox 7: Handlungssteckbrief aus den Bürgerdialogen „Ressourcenschonend leben" (Auszug)

„Die Bundesregierung soll nachhaltige Verkehrsmittel fördern, um die Bedeutung des autogebundenen Individualverkehrs zu verringern.

Das ÖPNV-, Bahn-, Rad- und Fußwegnetz muss flächendeckend ausgebaut werden. Durch Subventionen müssen niedrigere Ticketpreise realisiert werden. Nachhaltige „Sharing-Angebote" müssen gefördert werden.

Wir fordern, den innerdeutschen Flugverkehr einzuschränken oder zu besteuern. Kontrovers diskutiert wurden Verbote und Sanktionen wie autofreie Innenstädte und Maut. Anreizsysteme können Alternativen zu Verboten und Sanktionen sein." (BMU 2020, S. 3).

Im Ressourceneffizienzprogramm III der Bundesregierung werden prioritäre Maßnahmen zur Ressourcenschonung vorgelegt. Die Maßnahmen beziehen sich auf unterschiedliche Stationen im Ressourcenzyklus. Die ins Auge gefassten Maßnahmen beinhalten unter anderem (BMU 2020, S. 28 ff.):

- „Good Governance" und Kapazitätsausbau in Entwicklungs- und Schwellenländern fördern
- Umweltaspekte in das EU-Konzept zu kritischen Rohstoffen einbringen
- Beitrag der Digitalisierung zu Transparenz und nachhaltigem Lieferkettenmanagement prüfen und nutzen
- Garantieaussagepflicht der Hersteller prüfen, Verlängerung der Verjährungsfrist für Gewährleistungsansprüche und Beweisumkehr prüfen
- Bewertungssystem für Reparierbarkeit in der Praxis als verpflichtende Information entwickeln
- Eine Kennzeichnung des Anteils von Recyclingkunststoffen entwickeln und einführen
- Material- und energieeffizientere Produktionsverfahren fördern
- Investitionen in den öffentlichen Nahverkehr

Wie und ob diese Prioritäten zu realisieren seien, hinge besonders von der Haushaltsplanung der Regierung ab (BMU 2020, S. 28). Insgesamt fällt auf, dass das erklärte Ziel der Gesamtrohstoffproduktivität zwar steigt, aber der primäre Rohstoffeinsatz im Beobachtungszeitraum zwischen 2000–2016 ungefähr auf gleichem Niveau bleibt (BMU 2020, S. 23). Damit kann zwar das Ziel der Ressourceneffizienz und (partiellen) Entkopplung von Wirtschaftswachstum und Ressourcenverbrauch eingelöst werden, aber der absolute Verbrauch von Ressourcen geht nicht zurück (sondern ist im Vergleich zur Ausgangsjahr leicht gestiegen). Damit kann die Ressourceneffizienz das an Ressourcenverbrauch gekoppelte Wirtschaftswachstum (noch) nicht auffangen.

4.3 Inter- und Supranationale Ressourcenpolitik

Die deutsche Rohstoff-Außenbeziehungen sind eingebunden in ein Geflecht europäischer Ressourcenpolitik, das neben staatlichen Akteuren auch private Akteure wie multinationale Konzerne und zivilgesellschaftliche Netzwerke mitbeeinflussen (siehe auch Kap. 2).

4.3.1 Internationale Dimension

Auf der internationalen Dimension sind Regierungen die Hauptakteure; hier interessiert das Handeln von Regierungen im internationalen Kontext sowie zwischenstaatliche Regelungen.

Im internationalen Vergleich gibt es unterschiedliche Strategien im Umgang mit natürlichen Ressourcen. Immer häufiger werden nationale Rohstoffstrategien mit dem Ziel veröffentlicht, Ressourcenpolitik staatlicherseits zu lenken. Die deutsche Regierung hat wie erwähnt 2010 ihre erste Rohstoffstrategie veröffentlicht und 2019 erneuert. Nach Einschätzung von Werland (2012) bestimmt dabei der „Versorgungssicherheits-Diskurs" die deutsche Politik. Mit einem Ressourceneffizienzprogramm wird der Aspekt der „nachhaltigen Nutzung" und „Schutz natürlicher Ressourcen" außerdem besonders verfolgt (BMU 2020).

Welche Akzente legen andere Länder in der Ressourcenpolitik? In der Auswahl der Instrumente der Ressourcenpolitik gibt es sehr unterschiedliche Ansätze. Die Ressourcenpolitik des Inselstaats Japan kann aufgrund seiner Rohstoffimportabhängigkeit und als drittgrößte Volkswirtschaft der Welt gut mit deutscher Rohstoffpolitik verglichen werden. Japan ist wie Deutschland extrem importabhängig von natürlichen Ressourcen: Dort werden 100 % des Eisenerzes und der Kohle importiert. Der tertiäre Sektor ist in Japan mit 70 % so groß wie in Deutschland (Statista 2023). Anders als die meisten anderen Länder kontrollieren japanische Behörden den gesamten Lebenszyklus bestimmter Ressourcen. Grundlegende Gesetze zum schonenderen Umgang mit natürlichen Ressourcen ist die grüne Wachstumsstrategie (Green Growth Strategy) und der Grundplan zur Umsetzung einer materialschonenden Gesellschaft (4th Fundamental plan for establishing a sound material cycle society), der bereits 2001 das erste Mal aufgelegt wurde. Zentrales Element des Grundplans stellt die Steigerung der Ressourcenproduktivität dar: Dieses Ziel findet sich auch im Ressourceneffizienzprogramm der Bundesregierung wieder. Die grüne Wachstumsstrategie sieht unter anderem vor, Substitute für Rohöl in der Kunststoffproduktion zu finden (Dittrich et al. 2023, S. 126). Der Rohstoffverbrauch pro Person ist in Japan stärker gesunken als in Deutschland (siehe Abschn. 3.1), aber immer noch auf einem höheren Niveau als in der Bundesrepublik. Zieht man den Climate Action Tracker heran, der basierend auf Regierungsplänen prognostizierte Emissionen in die Zukunft projiziert, hält Japan zu lange an fossilen Brennstoffen fest und hat daher ein „ungenügend" für seine Klimapolitik (Carbon Tracker 2022).

In anderen Ländern wird die Bewirtschaftung natürlicher Ressourcen weniger ganzheitlich betrachtet. In Chile, Uruguay, China und Südafrika wird eher auf Produktion und Abfallwirtschaft geschaut. Indonesien ist in einer Vergleichsstudie von 12 Ländern zwischen 2019–2022 das einzige Land, das keine nationale Strategie oder Aktionspläne im Untersuchungszeitraum veröffentlicht hat (Dittrich et al. 2023, S. 25). Ruanda setzt mehr als andere Länder auf Verbote: Dort wurde 2019 das

Verbot von Einwegplastik verabschiedet (ebd., S. 26, 175). In den USA hat Rohstoffsicherung und Sicherung von globalen Lieferketten allerhöchste Priorität. Eine Studie des Bundesumweltamts (2023) schätzt die Ressourcenpolitik der USA als lückenhaft ein und leitet so den hohen Ressourcenverbrauch des Landes her:

> Insgesamt beruht die US-amerikanische Ressourcenpolitik noch weitestgehend auf freiwilligen Ansätzen. Es gibt kaum Verbote, keine verbindlichen Vorgaben für Recyclingquoten oder Rezyklateinsatzquoten, keine verbindlichen Öko-labels oder verbindliche Beschaffungsrichtlinien. Vor diesem Hintergrund lässt sich der US-amerikanische Rohstoff-konsum pro Kopf einordnen: er liegt mit 30 Tonnen Roh-materialäquivalente etwa doppelt so hoch wie der globale Schnitt. (Dittrich et al. 2023, S. 24).

Das Bundesumweltamt präsentiert ein Grobscreening von 121 Ländern, das nationale Ressourcenpolitik in fünf Kategorien unterteilt. Vorreiterländer haben einen „Rahmen von umfassenden Ansätzen etabliert" und setzen Aktionspläne und Programme um (Japan, Schweiz). Am anderen Ende des Spektrums finden sich kaum oder keine Strategien oder Pläne zur Ressourcenpolitik im Unter-suchungszeitraum (zum Beispiel Demokratische Republik Kongo oder die meisten karibischen Inseln) (Dittrich et al. 2023, S. 45–47). Allerdings korrelieren Aktionspläne und Programme nicht mit geringem Ressourcenverbrauch, wie die Länderbeispiele zeigen.

4.3.2 Supranationale Dimension

Der Europäische Green Deal ist ein umfassender Aktions-plan der Europäischen Kommission, der tiefgreifende Eingriffe in die Wirtschafts- und Industriepolitik hin zu nachhaltiger Ressourcennutzung vorsieht. Der Europäische Grüne Deal, der Europa zu einem „globalen Vorreiter" machen soll, liefert dafür einen ganzen Strauß an Politikvorschlägen in den Bereichen Energie, Klima, Ozeane, Landwirtschaft, Verkehr, Industrie, Forschung und Innovation sowie Finanzen.

Das Ziel des Europäischen Green Deals, der 2019 von der Europäischen Kommission vorgestellt wurde, ist „eine neue Wachstumsstrategie, mit der die EU zu einer fairen und wohlhabenden Gesellschaft mit einer modernen, ressourceneffizienten und wettbewerbsfähigen Wirtschaft werden soll, in der im Jahr 2050 keine Netto-Treibhausgasemissionen mehr freigesetzt werden und das Wirtschaftswachstum von der Ressourcennutzung abgekoppelt ist" (Europäische Kommission, 2019, S. 2). Um die Stellschrauben in Richtung Dekarbonisierung umzulegen, bräuchte es damit laut Europäischer Kommission rund 25 Jahre. Der Fahrplan des Green Deals sieht drei übergeordnete Etappen vor:

- Der erste klimaneutrale Kontinent bis 2050 zu sein.
- Mindestens 55 % weniger Treibhausgasemissionen bis 2030 gegenüber 1990 zu erzeugen.
- 3 Mrd. neue Bäume bis 2030 zu pflanzen.

Da auf europäischer Ebene die Emissionen der Energiewirtschaft erheblich ins Gewicht fallen, versucht die Kommission hier einen großen Hebel zu nutzen. Über alle Wirtschaftszweige hinweg kommen 75 % der Emissionen aus dem Bereich Energie. Rasch soll daher der Ausstieg aus der Kohle organisiert und auf erneuerbare Energien umgestellt werden. Subventionen für fossile Brennstoffe sollen europaweit zurückgehen. Außerdem soll der CO_2-Emissionshandel auf noch mehr Sektoren als bisher ausgeweitet werden (EU Kommission 2019, S. 6–7). Nicht zu ersetzen seien hingegen „die Stahl-, die Chemikalien- und die Zementindustrie" (ibid., S. 8). Allerdings könnte man mit der Steigerung der Recyclingquote, die aktuell bei 12 % zu gering ausfällt, den Ressourcenverbrauch verringern (ebd.). Wirtschaftskreisläufe sollen vor allen Dingen dort effizienter werden, wo aktuell viele Ressourcen verwendet werden wie in dem „Textil-, Bau-, Elektronik- und Kunststoffsektor" (Europäische Kommission 2019, S. 9). Auch der Bereich Wohnen soll sich europaweit grundlegend verändern. Hier möchte die Kommission eine „Renovierungswelle für öffentliche und private Gebäude" unterstützen (Europäische Kommission 2019, S. 11).

Der Green Deal setzt auch an der Verbraucherpolitik an: Insgesamt sollen Produkte wiederverwendbar, langlebig und reparierbar werden. Gegen intransparente Produktinformationen wird ein elektronischer Produktpass angedacht, der „Informationen über Herkunft, Zusammensetzung, Reparatur- und Montagemöglichkeiten eines Produkts sowie über die Handhabung am Ende seiner Lebensdauer liefern" soll (Europäische Kommission 2019, S. 9).

Im Bereich Mobilität ist das übergeordnete Ziel, Emissionen zu reduzieren und öffentlichen Verkehr von der Straße auf die Schiene zu verlagern. Insgesamt soll ein Weg hin zu „emissionsfreier Mobilität" geebnet werden (Europäische Kommission 2019, S. 13). Im Bereich Ernährung will die Kommission mehr Geld als bisher für Klimapolitik eingesetzen und eine Strategie „Vom Hof auf den Tisch" soll Nahrungsmittelproduktion möglichst verschwendungsarm gestalten. Die New Green Deal Pläne schließen auch die „Nutzung von nachhaltigen Verfahren wie Präzisionslandwirtschaft, ökologischem Landbau, Agrarökologie, Agrarforstwirtschaft und strengeren

Tierschutzstandards" ein (Europäische Kommission 2019, S. 14).

Um diese Ziele letztendlich durchzusetzen, möchte sich die Kommission für eine „Diplomatie des Grünen Deals", die in Außenbeziehungen, Handelspolitik, Entwicklungshilfe und außenpolitischen Strategien zum Tragen kommt und bei unterschiedlichen Formaten wie G7, G20 und der UN vertreten wird, einsetzen.

Der Critical Raw Materials Act der EU wurde im März 2023 von der Europäischen Kommission vorgestellt. Dieser setzt sich zum Ziel, mindestens 10 % der strategischen Rohmaterialien in den Mitgliedsstaaten auszubeuten (Bourgery-Gonse 2023). Mindestens 15 % des jährlichen Verbrauchs von kritischen Ressourcen sollte recycelt werden. Außerdem sollten höchstens 65 % der importierten Ressourcen aus einem einzigen Drittstaat kommen. Ausdrücklich sei die EU aber „keine Planwirtschaft", kommentierte der EU-Kommissar für Handel Valdis Dombrovskis. Damit können die Ziele des Critical Raw Materials Act als weich bezeichnet werden.

Zuletzt sei auch noch auf die Ebene der Vereinten Nationen hingewiesen. Die UN versucht eine übergreifende Analyse des Ressourcenproblems zu formulieren. Das International Resource Panel der UN schaut mit noch größerer Flughöhe auf das Problem der globalen Ressourcennutzung. Wünschenswert für eine Welt im Gleichgewicht wäre die Entkopplung von menschlichem Wohlbefinden und globalem Ressourcenverbrauch (siehe auch Abb. 4.3). Würde sich die aktuelle globale Ressourcenpolitik in die Zukunft fortschreiben, würden sich allerdings die drei Globalprobleme von Klimawandel, Biodiversitätsverlust und nicht-nachhaltigem Konsum verschlimmern, so die Analyse des IRP (Potočnik und Teixeira 2022, S. 4). Die Verursacher des Problems wären reiche Industrienationen, in denen der Ressourcenver-

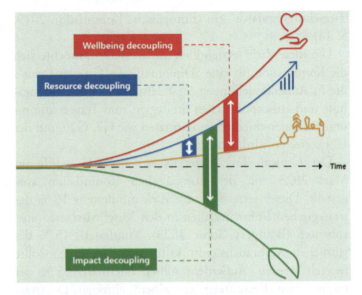

Abb. 4.3 Entkopplung von Ressourcennutzung und menschlichem Wohlbefinden und wirtschaftlichem Wachstum. (Potocnik und Teixeira 2022, S. 8–9)

brauch insgesamt 13 mal größer ist als in Ländern mit mittleren Einkommen (Potočnik und Teixeira 2022, S. 6).

4.3.3 Zwischenfazit: Ressourcenpolitik aus einem Guss?

Wie kompatibel sind die Verbraucher-, die Nationalstaats- und Supranationale-Politikebenen? Können wir von einer Ressourcenpolitik aus einem Guss sprechen? Gibt es Instrumente und Visionen, die alle genannten Ebenen verbinden? In der globalen Ressourcenpolitik gibt es ein Möglichkeitsfenster für nachhaltige Ressourcennutzung: Viele KonsumentInnen, eine kritische Masse an Nationalstaaten und transnationale Akteure sehen die

Notwendigkeit einer ressourcenschonenderen Wirtschafts-
und Industriepolitik. Durch die Vielzahl an Industrien
und Wirtschaftsaktivitäten, die mit der Ressourcenpolitik verflochten sind, gilt es, Zielsteuerungsprobleme
und ungeklärte Zuständigkeiten zu überwinden. Bei der
Untersuchung des Mehrebenensystems der Ressourcenpolitik fielen zwei rote Fäden ins Auge. Wie zu erwarten,
überwiegt die Herausforderung bei global wachsendem
Ressourcenkonsum gegenüber den tatsächlich gemeinsam
verfolgten Zielen.

Rote Fäden im Ressourcen-Mehrebenensystem

- Die Problemwahrnehmung von Ressourcenverbrauch
  und damit weitgehend gekoppeltem Klimawandel
  wächst sowohl bei KonsumentInnen mit ressourcen-
  intensiven Lebensstilen, bei Regierungen und überstaatlichen Organisationen wie der EU und den Vereinten
  Nationen.
- Der Anspruch an Ressourcenschonung durch Entkopplung von Wachstum und Ressourcenverbrauch wird
  sowohl auf nationalstaatlicher Ebene wie auf supra-
  nationaler Ebene geäußert: Ressourceneffizienz und
  Kreislaufwirtschaft sind hier verbindende Ziele (Dittrich
  et al. 2023; Potočnik und Teixeira 2022; BMU 2020;
  Europäische Kommission 2019).

Herausforderungen der Zukunft

- KonsumentInnen haben zusammen einen substantiellen
  Einfluss auf den Ressourcenverbrauch. Der Einfluss des
  Konsums ist aber stark abhängig von der Nachhaltigkeit
  von Energie-, Wohnungs-, Transport- und Ernährungs-
  infrastrukturen, die in Industrienationen weitgehend
  noch keinen nachhaltigen Standards entsprechen.
- Energetische und nicht-energetische Rohstoffe werden
  unter anderem in Deutschland zu oft getrennt voneinander behandelt. In Deutschland bräuchte es einen
  Ansatz, der Rohstoffstrategie und Ressourceneffizienz

energetischer und nicht-energetischer Rohstoffe zusammendenkt.

- Regierungen schenken natürlichen Ressourcen unterschiedliche Aufmerksamkeit und agieren in unterschiedlichen Stadien im Ressourcenzyklus. Der New Green Deal bietet allerdings Ansätze zur europäischen Kohäsion der Ressourcenpolitik.
- Größter Faktor bleibt die Energiewirtschaft: Global verunmöglichen Emissionen von fossilen Energiequellen die Einhaltung von Klimazielen. Mit einer globalen erneuerbaren Energiewende würde zwar der globale Ressourcenabdruck nicht verkleinert werden, aber mittelfristig die Treibhausgasemissionen gesenkt.

Ging es in diesem Kapitel um einzelne KonsumentInnen und politische Strukturen, die den nachhaltigen Ressourcenkonsum ermöglichen bzw. erschweren, geht es im nächsten Kapitel um den wirtschaftlichen Überbau der Ressourcenpolitik. Gerade im letzten Jahrzehnt ist der Versuch unternommen worden, Ökologie und kapitalistische Ökonomie mit dem Ziel der Ressourcenschonung näher zusammenzudenken. Im Zentrum des nächsten Kapitels steht die Frage: Kann uns grüner Kapitalismus retten? Hierbei gehe ich auch der Frage nach, welche Rolle multinationale Konzerne spielen und welche Hoffnung auf Corporate Social Responsibility (CSR) gesetzt werden kann.

Literatur

Bourgery-Gonse, T. (16. März 2023). EU unveils Critical Raw Materials Act, aiming to lessen dependence on China. *Euractiv*. https://www.euractiv.com/section/economy-jobs/news/eu-unveils-critical-raw-materials-act-aiming-to-lessen-dependence-on-china/.

Bundesministerium für Umwelt, Naturschutz und nukleare Sicherheit (BMU). (2020). *Deutsches Ressourceneffizienzprogramm III – 2020 bis 2023* (3). BMU.

Bundesministerium für Wirtschaft und Technologie (BMWi). (2010). *Rohstoffstrategie der Bundesregierung.*

Bundesregierung. (2020). *Rohstoffpartnerschaften auf die Kleine Anfrage der Abgeordneten Dr. Marcel Klinge, Olaf in der Beek, Michael Theurer, weiterer Abgeordneter und der Fraktion der FDP* (19/17224). Deutscher Bundestag.

Bundesumweltamt. (16. Dezember 2022). *Primärenergiegewinnung und -importe.* https://www. umweltbundesamt.de/daten/energie/primaerenergiegewinnungimporte#:~:text=Prim%C3%A4renergiegewinnung%20 und%20-importe%20Deutschland%20ist%20ein%20 rohstoffarmes%20Land.,des%20Energieaufkommens%20 wird%20durch%20Importe%20diverser%20 Energietr%C3%A4ger%20gedeckt.

Carbon Tracker. (31. Oktober 2022). *Japan.* https:// climateactiontracker.org/countries/japan/.

Dahlmann, A., & Mildner, S. A. (2012). *Rohstoffpartnerschaften: Kein Garant für Versorgungssicherheit und Entwicklung* (16). SWP. https://www.swp-berlin.org/publications/products/ aktuell/2012A16_mdn_dnn.pdf.

Deutsche Bundesregierung. (2019). *Rohstoffstrategie der Bundesregierung: Sicherung einer nachhaltigen Rohstoffversorgung Deutschlands mit nichtenergetischen mineralischen Rohstoffen.* Bundesministerium für Wirtschaft und Energie (BMWi).

Dittrich, M., Limberger, S., Doppelmayr, A., & Bischoff, M. (2023). *Monitoring Internationale Ressourcenpolitik (MoniRess II).* Bundesumweltamt.

Europäische Kommission. (2019). *Der Europäische Grüne Deal* (640).

Kiffmeier, J. (4. Februar 2023). „Fahren Sie nach Bali": Vielflieger Merz spottet über Klimaaktivisten. *Merkur.* https:// www.merkur.de/politik/klimaaktivisten-bali-thailand-fliegenletzte-generation-merz-flugzeug-twitter-92066278.html.

Lutter, S., Kreimel, J., Giljum, S., Dittrich, M., Limberger, S., Ewers, B., Schoer, K., & Manstein, C. (2022). *Die Nutzung natürlicher Ressourcen. Ressourcenbericht für Deutschland 2022*. Bundesumweltamt.

Porschardt, U. (16. November 2022). Die „Letzte Generation" steht in der düstersten deutschen Tradition. *Welt*. https://www.welt.de/debatte/kommentare/plus242169361/Letzte-Generation-Die-Traeume-der-Anti-Demokraten.html.

Potočnik, J., & Teixeira, I. (2022). *Making Climate Targets Achievable: Improving Wellbeing through Reduced Absolute Resource Use*. UN Environmental Programme International Resource   Panel. https://resourcepanel.org/reports/making-climate-targets-achievable.

Ritchie, H., Roser, M., & Rosado, P. (2022). *Estonia: Energy Country   Profile*. https://ourworldindata.org/energy/country/estonia.

Rüttinger, L., Schüler, F., Scholl, C., & Bach, A. (2016). *Die deutschen Rohstoffpartnerschaften – Analyse der Umsetzung und Ausblick. RohPolRess-Kurzanalyse* (6). Bundesministerium für Umwelt, Naturschutz, Bau und Reaktorsicherheit.

Schulz, C. (2. Juni 2020). *Ressourcen schonen im Alltag – 10 Tipps*. Aufgerufen am 3. April 2023 unter https://www.careelite.de/ressourcen-schonen-im-alltag/#:~:text=Die%2010%20besten%20Tipps%20zum%20ressourcenschonenden%20Leben%201,8.%20Bewusster%20Umgang%20mit%20Technik%20...%20Weitere%20Elemente.

SPD, Bündnis 90/Die Grünen, & FDP. (2021). *Koalitions-vertrag zwischen SPD, Bündnis 90/Die Grünen und FDP*. Die Bundesregierung. https://www.bundesregierung.de/resource/blob/974430/1990812/1f422c60505b6a88f8f3b3b5b8720bd4/2021-12-10-koav2021-data.pdf?download=1.

Statista. (2023). *Anteil der Wirtschaftszweige an der Bruttowert-schöpfung in Deutschland im Jahr 2022*. https://de.statista.com/statistik/daten/studie/36846/umfrage/anteil-der-wirt-schaftsbereiche-am-bruttoinlandsprodukt/.

Tagesschau. (29. November 2022). Katar liefert LNG an Deutschland. https://www.tagesschau.de/wirtschaft/weltwirtschaft/katar-lng-101.html.

Werland, S. (2012). *Rohstoffknappheit Debattenanalyse 5.1.* Freie Universität Berlin Forschungszentrum für Umweltpolitik. https://refubium.fu-berlin.de/bitstream/handle/fub188/19973/PolRess_AP5_Debattenanalyse_Rohstoffknappheit_FFU.pdf?sequence=1&isAllowed=y.

Wernert, Y. (2019). *Internationale Kooperation in der Rohstoffpolitik.* Springer VS.

WWF. (28. Juli 2022). *Earth Overshoot Day.* https://www.wwf.de/earth-overshoot-day/?msclkid=71d7c6fc0c5d1b83d824a50b4b708390&utm_source=bing&utm_medium=cpc&utm_campaign=SG_Aktionen_%C3%96kologisch&utm_term=earth%20overshoot%20day&utm_content=Earth%20Overshoot%20Day.

5

Kann grüner Kapitalismus uns retten?

5.1 Grüner Kapitalismus und der „Greta Thunberg-Effekt"

In diesem Kapitel soll es zunächst einmal um eine Bestandsaufnahme davon gehen, was grüner Kapitalismus bedeutet und wie er sich von Ursprungsformen des Industriekapitalismus unterscheidet. Zentral für die Ausführungen in diesem Kapitel wird aber sein, dass der grüne Kapitalismus die Grundzüge des Industriekapitalismus in sich trägt. Natürliche Ressourcen spielen sowohl für den Industriekapitalismus sowie für den grünen Kapitalismus überragend wichtige Rollen. Im grünen Kapitalismus rücken lediglich andere natürliche Ressourcen wie Lithium, Kobalt, Nickel und Kupfer ins Zentrum, die für Solar- und Windtechnologie, Batterien und Elektroautos gebraucht werden (Energiezukunft 2022). Hierzu werde ich Ausführungen zum

© Der/die Autor(en), exklusiv lizenziert an Springer Fachmedien Wiesbaden GmbH, ein Teil von Springer Nature 2023
J. J. Finkeldey, *Globale Ressourcenpolitik,* Elemente der Politik, https://doi.org/10.1007/978-3-658-42175-5_5

grünen Extraktivismus anschließen, die Dynamiken von Produktionsverhältnissen und Eigentumsverhältnissen im grünen Kapitalismus illustrieren sollen.

Kapitalismus bezeichnet eine besondere Form der Produktionsweise, die auf Akkumulation von Kapital abzielt. Kapitalismus unterscheidet sich von anderen Wirtschaftsformen zunächst einmal durch die Warenform. Die Ware hat einen doppelten Charakter: als Nutz- und als Tauschwert. Eine Ware hat im Regelfall einen Nutzen zur Befriedigung eines Bedürfnisses: Ein Buch zur Bildung, ein Essen gegen den Hunger, ein Stück Coltan zur Produktion eines Handys. Außerdem gibt es den Tauschwert: Im Kapitalismus drückt sich dieser Wert scheinbar durch den Preis aus. Dem widersprach Karl Marx, indem er meinte, dass der zugefügte Wert einer Ware allein durch menschliche Arbeit vermehrt werden könne. Da nur menschliche Arbeit die Fähigkeit besitzt, den Wert der Ware zu steigern, steigert sich der Warenwert mit dem Ausbeutungsgrad der ArbeiterInnen. Je mehr menschliche Arbeitsleistung in eine Ware fließt, desto mehr gewinnt die Ware an Wert. Die Beziehung zwischen Wert und Preis ist in der Marx-Forschung umstritten, was auch daran liegt, dass Marx's Wertbegriff sich auch daran messen muss, dass beispielsweise Flüsse oder der Wind Arbeit zur Energiegewinnung leisten können und damit Mehrwert schaffen. Was Marx hingegen mit großer Hellsicht zeigte, ist, dass dem Kapitalismus eine überzeitliche Grundstruktur innewohnt. Kapital speist sich aus der Grundbewegung: Geld – Ware – mehr Geld (Marx 2009 [1872], S. 49 ff.). KapitalistInnen versuchen über den Umweg des Warenankaufs und -verkaufs mehr Geld zu verdienen. Dieser im Verkauf angehäufte Betrag nennt sich Kapital. Der Trick im Kapitalismus ist aber, dass das Kapital nie ruhen darf (da es sich sonst inflationär entwertet oder sich zumindest nicht vermehrt), sondern stets reinvestiert werden muss.

Daher ist auch der nicht automatisch Kapitalist, der in einen Einkauf beim Supermarkt investiert. Brot, Käse und Butter werden verzehrt, während Anlageprodukte oder der Verkauf von patentierter Medizin darauf abzielen, Kapital zu mehren.

Kapitalismus steht in einer spannungsvollen Beziehung zur Umwelt. Nach dem bekannten Soziologen John Bellamy Foster (2002, S. 31–33) lassen sich besonders drei Spannungen feststellen. Erstens wird durch den Prozess der individuellen Aneignung eine einseitige und egoistische Beziehung des Menschen gegenüber der Natur gefestigt. Hieraus resultiere die fortschreitende Entfremdung des Menschen von der Natur. Zweitens verdrängt der Kapitalismus mit dem Fokus auf monetäre Werte andere Werte, die der Natur innewohnen wie ästhetische Werte oder Pflichten des Menschen, die Natur zu schützen. Drittens expandiert der Kapitalismus systembedingt. Damit wohnt dem Kapitalismus die Tendenz inne, die Umwelt, auf die er angewiesen ist, zu zerstören.

Der Kapitalismus schafft auch ökonomische Ungleichheiten. Karl Marx beschrieb den Industriekapitalismus so, dass sich die besitzende Klasse und die Arbeiterklasse in ihren Interessen unvereinbar gegenüberstanden. Die Ausbeutung der Arbeiterklasse war ausschlaggebend für den Reichtum der besitzenden Klasse. In der Tat strukturierte sich im Zuge der Hochindustrialisierung in Deutschland zwischen 1850 und 1870 die Gesellschaft auf dramatische Weise neu: „Bürgertum und Arbeiterschaft lebten … in sozial scharf voneinander getrennten Lebenssphären mit höchst unterschiedlichen Wohnverhältnissen, Bildungsinstitutionen und kulturellen Lebensformen, zwischen denen im Kaiserreich nur wenig Kontakt und Mobilität bestand" (Kruse 2012). Seitdem haben sich weitere unterschiedliche gesellschaftliche Einkommensschichten ausgebildet, die soziologisch zu einer größeren Unübersichtlichkeit führen. Allerdings zeigt sich, dass Vermögende ihren Reichtum immer weiter vergrößern können, lohnabhängige Schichten tendenziell immer weniger am Wohlstand teilhaben und sich das globale Proletariat weiter vergrößert. Thomas Picketty, der Ungleichheit in 20 Ländern über drei Jahrhunderte verglich, kommt zu dem Schluss, dass sich in den „Tiefenstrukturen des Kapitals und den Ungleichheiten nichts geändert" hat (Piketty 2016, S. 13).

Dem Kapitalismus wird sowohl von seinen GegnerInnen und BefürworterInnen indes eines selten abgesprochen: Seine (zerstörerische) Innovationskraft. Auf die oben beschriebenen Krisentendenzen, die Individualismus, Egoismus und Umweltzerstörung mit sich bringen, erfindet der Kapitalismus stets marktkonforme Antworten. Hierbei gleicht der Kapitalismus einem Chamäleon, das sich seiner Umwelt anpasst und scheinbar auch dazu in der Lage ist, Probleme, die er selbst geschaffen hat, zu lösen. Gegen Vereinzelung gibt es soziale Netzwerke oder Dating-Apps; E-Mobilität, um Emissionen von Verbrennermotoren zu vermeiden.

5.1.1 Der „Greta Thunberg-Effekt"

Der Kapitalismus wankte schon häufig; zum Erliegen kam er deshalb keineswegs. Das liegt auch daran, dass er sich immer wieder neu erfinden und neuen Herausforderungen stellen konnte. Klaus Schwab, der Gründer des World Economic Forums in Davos, sieht, wie der Kapitalismus durch den Greta Thunberg-Effekt im Begriff ist, sich zum Guten zu wandeln. Die junge schwedische Umweltaktivistin Greta Thunberg spielte durch die von ihr angestoßenen globalen Klimastreiks in den letzten Jahren eine überragend wichtige politische Rolle und wurde Vorbild für Millionen junger Menschen. Der „neue" von Thunberg inspirierte Kapitalismus sei bereits dabei, „geteilte Werte" zu kreieren und soziale und ökologische Ziele mit zu beachten, so Schwab. Damit sei dieser Kapitalismus eine Abkehr von den engen Zielen des Shareholder-Kapitalismus, der Konzerne lediglich dazu verpflichtet sieht, Profite zu machen (Schwab 2019).

Was sind zentrale Merkmale des grünen Kapitalismus und wie unterscheidet er sich vom Industriekapitalismus? Angelehnt an die von Marx vorgestellte Grundform liegt dem grünen Kapitalismus folgende Formel zugrunde: Geld – grüne Ware – mehr Geld. Was auf den ersten Blick schematisch daherkommt, muss auch hier mit Leben gefüllt werden. Grüner Kapitalismus unterscheidet sich also hinsichtlich der Art der zirkulierenden Waren. Grüne Waren werden unter bestimmten Produktionsverhältnissen hergestellt, die eine andere Beziehung zu ihrer natürlichen Umwelt aufweisen als im naturzerstörenden Industriekapitalismus. Die Kriterien für grüne Produktionsweise können unterschiedliche sein. Klar ist, dass im grünen Kapitalismus Produkte möglichst ressourcenschonend produziert werden. Produkte sind darüber hinaus langlebiger und lassen sich besser recyclen. Damit findet der grüne Kapitalismus in einem scheinbar harmonischeren Verhältnis zur Umwelt. Da er anders als z. B. sozialistische Wirtschaftsordnungen keinen Systemumsturz mit sich bringen würde, erscheint er auch erreichbarer. Drei Befunde sollten uns aber zur Vorsicht aufrufen.

Zwar kann im grünen Kapitalismus Verschwendung und rücksichtslose Naturausbeutung zurückgefahren werden, doch können schädliche Tendenzen des Kapitalismus nicht vollständig aufgelöst werden. Es kann in der Nachfrage zu Rebound-Effekten kommen. Diese Effekte treten dann auf, wenn durch die Einsparung von Ressourcen das Geschäft ausgedehnt wird (Dörre 2021, S. 112). Somit würden die zunächst vermiedenen Umweltzerstörungen wieder durch Mehrproduktion negativ aufgewogen.

Neben dem Rebound-Effekt wurde gezeigt, dass wirtschaftliches Wachstum nicht von seinem stofflichen Fußabdruck getrennt werden kann. Mit anderen Worten: Wächst die Bruttoinlandsprodukt (BIP), dann wächst auch der Bedarf an natürlichen Ressourcen. Dies gilt auch für den Ausstoß von CO_2-Emissionen. Die Trennung von höherem BIP-Wachstum von CO_2-Emissionen wird als äußerst unwahrscheinlich eingestuft (Hickel und Kallis 2020).

Im grünen Kapitalismus wird nachhaltiger produziert, was allerdings nichts an der globalen Ungleichheit ändert, die den Klimawandel mitverursacht: „Ein Angehöriger des reichsten Prozent der Weltbevölkerung ist … für 175mal mehr Treibhausgase verantwortlich als ein Angehöriger der ärmsten zehn Prozent" (Oxfam 2015). Auch wenn sich die Reichen im Zuge des grünen Kapitalismus nur noch in E-Luxusautos und E-Yachten fortbewegen oder sich in mit erneuerbaren Energien geheizten Villen von Soja-Steaks ernähren würden, käme es zu erheblicher Umweltbelastung. Grüner Kapitalismus befeuert unweigerlich den grünen Extraktivismus (siehe Infobox 8).

Infobox 8: Grüner Extraktivismus

Grüner Extraktivismus ist eine Spielart des Extraktivismus (siehe 2.4). Grüner Extraktivismus ist die Antwort auf Krisen, die sich durch umweltzerstörerische Akkumulationsstrategien verursacht wurden. Durch die Nachfrage nach grünen Technologien wie E-Autos und veganem Essen wird neue zerstörerische Produktion angeheizt. Grün heißt in diesem Zusammenhang nicht, dass es sich hierbei um eine nachhaltige Form des Wirtschaftens handeln würde. Vielmehr wird durch Prozesse der Übernutzung Umweltzerstörung durch den Abbau von Monokulturen für Biokraftstoffe oder Lithium-Tagebau für Batterien fortgeschrieben. Grüner Extraktivismus unterfüttert die Akkumulationslogik des grünen Kapitalismus. Daher werden zwar andere Ressourcen für „grüne Technologien" oder „grünen Konsum" verbraucht, aber zumindest die Extraktion fordert enorme Umweltschäden. Es ist daher fraglich, ob die Hinwendung zu grünen Technologien alleine ressourcenschonendere Wirtschaftsweise einleitet.

5.2 Corporate Social Responsibility: Umbau der Unternehmenspyramide

Corporate Social Responsibility (CSR) ist eine einflussreiche Unternehmensstrategie, die sich an den Ideen des grünen Kapitalismus orientiert. Jedes multinationale Unternehmen bekennt sich heute zur Einhaltung von CSR. Obwohl der Begriff in aller Munde ist, unterscheiden sich die Vorstellungen und Umsetzungen von CSR erheblich. Das liegt nicht an der Unfähigkeit oder Ungenauigkeit der AutorInnen und PraktikerInnen, die sich mit dem Thema befassen, sondern rührt daher, dass aus unternehmensstrategischer Sicht sehr unterschiedliche Verantwortlichkeiten vom Begriff erfasst werden. Weit gefasst beschreibt CSR die Selbstregulation und Kontrolle eines Unternehmens seitens des Unternehmensmanagements, um die Regelkonformität ethischer Standards, internationaler Normen und mindestens die Befolgung geltender Gesetze zu sichern oder diese Handlungen zumindest zu dokumentieren (Corporate Reform Collective 2014). Diskussion um die soziale Verantwortung von Unternehmen haben immer wieder zum

Nachdenken über das (Kräfte)Verhältnis von Unternehmen zur Gesellschaft und zur Politik angeregt.

Das erste umfangreiche Werk über die soziale Verantwortung von Unternehmern stammt von Howard R. Bowen aus dem Jahr 1953. Hintergrund war das sich damals bereits abzeichnende Wachstum von Großkonzernen in den USA und Fragen nach der daraus erwachsenden Verantwortung von Unternehmen. Bowen formulierte Verantwortung breit: Unternehmen hätten über die Shareholder, Angestellte und KundInnen hinaus Verantwortung für die Gesellschaft als Ganzes (Bowen 2013, S. 3). Hierbei weist Bowen darauf hin, dass das in der Geschichte des ökonomischen Denkens vorherrschende Selbstinteresse nicht notwendigerweise mit sozialen Interessen in Konflikt geraten müsse, sofern das Interesse langfristig und intelligent durchdacht wäre (Bowen 2013, S. 14). Während Bowen CSR also als Korrektiv unternehmerischer Übermacht zur Seite stellen wollte, gibt es auch die Stimmen einflussreicher Zeitgenossen Bowens, die diesen Anspruch als ideologisch verblendet empfanden.

Der Wirtschaftswissenschaftler Milton Friedman, auf den das einflussreiche Werk „Kapitalismus und Freiheit" (1962) zurückgeht, hielt die Debatte über Unternehmensverantwortung für ein Resultat sozialistischer Unterwanderung und Verwirrung ihrer BefürworterInnen (1970): Friedman kritisierte die Unschärfe der Debatte, indem er sagte, dass Unternehmen nicht mit Personen gleichzusetzen wären. UnternehmerInnen könnten Verantwortung übernehmen, Unternehmen nicht. Doch selbst die unternehmerische Verantwortung von UnternehmerInnen würde sich auf die MitarbeiterInnen der Firma beschränken. UnternehmerInnen könnten nicht im „allgemeinen gesellschaftlichen Interesse" handeln, insofern dieses Interesse den Profit des Unternehmens beschneiden würde. Beispielsweise wäre es nicht statthaft, Geld eines Konzerns für Umweltschutzmaßnahmen über den gesetzlichen Rahmen hinaus auszugeben. Das Produkt würde so auf dem Markt teurer und damit Geld aus den Taschen von KonsumentInnen ausgegeben. Der Unternehmer würde damit zu Unrecht eine „Steuer" für soziale Zwecke erheben. Sollte ein Unternehmer der Meinung sein, dass er Geld für soziale Zwecke ausgeben wolle, müsste er es von seinem Gehalt tun. Es sei die Rolle von gewählten Regierungen für soziale Zwecke Steuern zu erheben. Daher kommt Friedman zu dem einprägsamen Schluss, dass der einzige Zweck eines Unternehmens sei, Profite zu machen.

In der Management-Forschungsliteratur machte CSR als Forschungskonzept in den 1990ern und den Jahren nach dem Millennium erstaunliche Karriere (Crane et al. 2008, S. 1). Zum einen liegt das an der Anwendungsorientierung vieler Beiträge, zum Anderen daran, dass im Zuge globaler De-Regulierung und dem Untergang des Staatskommunismus globale Unternehmen immer größer werden konnten. Der Berg an Literatur entstand im Eindruck unternehmerischer Bemühungen, soziale und ökologische Komponenten zumindest auf dem Papier ins Unternehmenshandeln einzuflechten. Einer der meistbeachteten Beiträge ist die CSR-Pyramide, die der Management-Forscher Archie Carroll 1991 vorschlug und seitdem mehrere Male überarbeitete. Die Pyramide wird als „Infrastruktur" vorgestellt, an der sich unterschiedliche Dimensionen von Unternehmensverantwortung systematisieren und hierarchisieren lassen (Carroll 2016, S. 2). Die Basis eines jeden Unternehmens ist die ökonomische Verantwortung als Grundvoraussetzung für die unternehmerische Existenz: „CEOs, managers and entrepreneurs will attest to the vital foundational importance of profitability and return on investment as motivators for business success" (Carroll 2016, S. 3). An zweiter Stelle stehen für Carroll die legalen Verantwortungen, die zur Regelbefolgung und Gesetzestreue aufrufen. Ethische Verantwortungen stehen für Carroll an dritter Stelle und sollen Unternehmen dazu anhalten, auch über die Gesetzeslage hinaus Verantwortungen zu übernehmen und sich im unternehmerischen Handeln auch an gesellschaftlichen Normen und Werten zu orientieren. Da sich dieser Wertekonsens im Wandel befindet, müssen Unternehmen bereit sein, ihre ethische Praxis zu überdenken. Viertens listet Carroll philanthropische Verantwortung, die in Form von direkten Spenden oder Freiwilligenarbeit der MitarbeiterInnen geleistet werden kann, auf. Diese Verantwortung an der Spitze der Pyramide wird nicht unbedingt von Unternehmen gesellschaftlich erwartet und ist daher lediglich eine erwünschte Kategorie. Zwischen diesen Erwartungen, so Carroll, können Zielkonflikte entstehen, die sich im besten Fall auflösen lassen. So stimme es zunehmend nicht mehr, dass sich Investitionen in nachhaltiges Wirtschaften (ethische Verantwortung) nicht auszahlten (Carroll 2016, S. 2 ff.). In der Zusammenschau der Pyramide kann man ein durchaus positives Bild vom Potenzial unternehmerischer Verantwortung bei Carroll ausmachen. In der Konsequenz lassen sich allerdings nahezu alle profitablen und legalen Unternehmenspraktiken mit der CSR-Pyramide rechtfertigen. Da Profitabilität und Legalität die vorgeschriebene Basis bilden, können die gesellschaftlich lediglich „erwartete" ethische Verantwortung und gesellschaftlich „gewünschte" philanthropische Verantwortung im Notfall auch wenig bis keine Beachtung finden. Da über allen Imperativen die Profitabilität steht, müssen die anderen Dimensionen zurücktreten. Auch lässt sich kritisieren, dass Carroll ökologische Verantwortung in seinem Modell nicht explizit berücksichtigt.

5.2.1 Gedankenexperiment: Die umgedrehte CSR-Pyramide

Eine umgedrehte CSR-Pyramide hätte Ethik und Philanthropie zur Basis (siehe Abb. 5.1). Zunächst müsste sich ein Unternehmen also nach gesellschaftlichem Bedarf richten und nicht zuerst um eigene Profite kümmern. Alle geleistete Freiwilligenarbeit für das Gute in der Gesellschaft würde also den Hauptgeschäftsteil eines Unternehmens ausmachen. Arbeit für die Gemeinschaft dürfte nicht willkürlich geschehen, sondern am besten in dem Tätigkeitsbereich, den das Unternehmen am besten beherrscht. Der erste Gedanke jedes Unternehmens würde also sein, welche Dienste oder Produkte die Gesellschaft verbessern würden. Ein IT-Unternehmen könnte beispielsweise Open Access Dienste zur besseren Datenaufbereitung erarbeiten oder neue Lernportale aufbauen. Der Erfolg dieser Dienste würde sich nicht nach Verkaufszahlen bemessen, sondern an gesteigertem Nutzen für die Gesellschaft. Da es allen Menschen bereitgestellt würde, wären die ersten Vorteile erleichterter Wissenstransfer oder

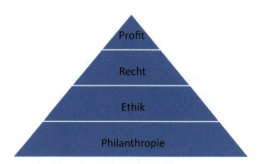

Abb. 5.1 Die umgedrehte CSR-Pyramide als Grundlage für substantielle Unternehmensverantwortung. (Quelle: eigene Darstellung)

Zugang zu Wissen. Großunternehmen, die sich auf natürliche Ressourcen spezialisiert haben, würden sich nicht an Preisen, sondern an Bedarfen orientieren. Kriterien zur philanthropischen und ethischen Bewirtschaftung von natürlichen Ressourcen könnten beispielweise die regionale Nutzung und die bedarfsorientierte Produktion sein.

Da die ethische und die philanthropische Dimension auch die Einhaltung legaler Unternehmensführung implizieren würde, müsste der legale Aspekt nur an dritter Stelle bedacht werden. Profitabilität wäre nur noch ein Nebenaspekt. Sofern sich der gesamtgesellschaftliche Nutzen zeigte, könnte ein Unternehmen auch profitabel sein. Allerdings nur dann, wenn gezeigt werden kann, dass alle weiteren Aspekte Beachtung gefunden haben.

5.2.2 Alles Grünfärberei?

In der Praxis gibt es einige einflussreiche Netzwerke, die sich mit Unternehmensverantwortung beschäftigen. Hierzu zählt das Deutsche Netzwerk Wirtschaftsethik e. V. (DNWE), das Diskussionen „um moralische Neuorientierungen der Wirtschaft" anstoßen möchte (DNWE 2022a). Innerhalb der „Wettbewerbswirtschaft" müsse es „Folgenverantwortung gegenüber allen Betroffenen" unternehmerischen Handels geben (DNWE 2022b). Auf globaler Ebene gibt es den Global Compact der Vereinten Nationen, der mit 8000 Unternehmen in über 160 Ländern die weltweit größte CSR- Initiative ist (UN 2014). Unter anderem folgende Maßnahmen sollen laut des Global Compacts ergriffen werden: Befolgung universeller Prinzipien, Verankerung von Nachhaltigkeit in der Unternehmens-DNA, jährliche Berichte und „lokales Engagement an Standorten" (UN 2014, S. 7). Vorteil des Compacts ist es, dass er wichtige Interessengruppen bündelt, zu denen auch NGOs wie Save the Children oder die Internationale Organisation World Labour Organization (ILO) zählen. Durch diesen inklusiven Ansatz werden Stimmen wie die von migrantischen ArbeiterInnen gehört, die sonst häufig vergessen werden. Durch die weichen Standards, die der Compact vorschlägt, werden Unternehmen in Richtung sozialer Verantwortung bewegt.

Die weichen Standards können natürlich auch kritisch bewertet werden, da sie eher vage sind und Unternehmen sich ohne größere Anstrengung zum Compact bekennen können. Hieraus könnte der Anschein entstehen, dass Konzerne etwas für Nachhaltigkeit tun, aber tatsächlich nur an einem „grünen Label" interessiert sind. Kritisch wäre auch anzumerken, dass der Compact „starke Märkte" normalisiert (UN 2014, S. 29). Damit zielt der Compact, wenig überraschend im Kontext der Unternehmensnachhaltigkeit darauf, dass Marktkräfte freiwillig für Nachhaltigkeit sorgen. Diese Vorstellung kann im globalen Maßstab inzwischen als widerlegt gelten, hält sich aber hartnäckig.

CSR hat eine Signalwirkung nach außen, damit Unternehmen als verantwortungsvoll angesehen werden. Mit Blick auf multinationale Konzerne, behaupten Management-Forscher Peter Fleming und Marc T. Jones (2012), wäre die Versprechen von CSR nie wirklich eingelöst worden. Sie sehen in CSR eher „Wunschdenken" oder schlicht Unternehmens-„Propaganda" (Fleming und Jones 2012, S. 1). Die Diskrepanz zwischen dem, was Konzerne durch CSR behaupten zu leisten, und tatsächlichem unternehmerischen Handeln wäre schlicht zu groß, um von echter Verantwortung zu sprechen: *„corporate social responsibility never really began"* (Fleming und Jones 2012, S. 1; kursiv im Original). Die jährlichen CSR-Berichte von multinationalen Konzernen würden ihre häufig negativen Auswirkungen auf den Planeten verschweigen und anhand selbst gesetzter Indikatoren verklären. Die CSR-Darstellung von Fleming und Jones (2012) lässt sich mit einem ansprechenden Webauftritt eines Hotels vergleichen, auf dem ein Balkon, ein Pool und die Nähe zum Meer angepriesen werden. Die Realität zeigt dann, dass das Meer mehrere Kilometer entfernt ist, der Balkon nur im Schatten und der Pool verschmutzt ist. Anders als beim aufgehübschten Webauftritt ist ein multinationales Unternehmen wie etwa ein multinationaler Ölkonzern weniger auf positive Bewertungen angewiesen, solange er nicht gegen Gesetze verstößt. Das liegt an der Marktstruktur, in der sich Ölkonzerne befinden: Da es sehr wenige Anbieter gibt, herrscht hier auch kein echter Wettbewerb. Auf der anderen Seite könnte man argumentieren, dass auch Ölkonzerne eben wie Hotels gute Bewertungen brauchen. Kritische WissenschaftlerInnen weisen an dieser Stelle auf die Macht der Multinationalen Konzerne hin. Royal Dutch Shell hat jährlich mehr Einnahmen als Schweden oder die Schweiz, Einnahmen, die sie für Lobbyarbeit bei Unternehmen leisten und sich häufig in Steuererleichterungen übersetzen (Babic et al. 2018). Die Macht der Konzerne sei schlicht zu übermächtig, um sie seitens der Politik zu regulieren und wenn nötig zu sanktionieren.

CSR hat aber auch Signalwirkung in das eigene Unternehmen hinein. CSR hat unternehmensintern die Funktion, MitarbeiterInnen emotional näher an den Konzern zu binden. MitarbeiterInnen sollen sich durch CSR in dem Unternehmen mit dem Bewusstsein verbunden fühlen, für ein sozial verantwortliches Unternehmen zu arbeiten (Costas und Kärreman 2013). Diese

(Über)Identifikation macht es schwerer, Kritik am eigenen Konzern zu üben. So könnte eine Aussage lauten: „Ich weiß sehr wohl, dass die Recyclingquoten des Unternehmens, für das ich arbeite, nicht ausreichen und unverhältnismäßig viele Ressourcen in der Produktion verschwendet werden, aber ich sehe, wie sich mein Unternehmen anstrengt einen Brunnen in Afrika bauen". Bei dieser (frei erfundenen) Aussage wird klar, dass das Unternehmen nicht nachhaltig ist, aber der Mitarbeiter sich daran aufrichtet, dass sein Unternehmen ein soziales Projekt investiert. Da der Wunsch nach einer neuen Harmonie zwischen „People, Planet, Profit" immer weiter an Attraktivität gewinnt, gibt es auch eine immer größer werdende Zahl an AbsolventInnen, die auf dem Tätigkeitsfeld der CSR an der Vision einer sozial-ökologischen Unternehmensführung mitarbeiten wollen.

Zusammengefasst ist die Frage erlaubt, was eigentlich schlecht an CSR ist. Wenn hier und dort ein paar Emissionen freiwillig eingespart werden oder ein Unternehmen, ohne dazu gezwungen zu werden, einen Brunnen baut. Zumindest, so könnte man sagen, wird durch CSR die Welt nicht schlechter. Wenn zunehmend Unternehmen bei Klimaverhandlungen oder beim UN Global Compact mit am Tisch sitzen, dann scheinen sie Teil der Lösung zu sein und nicht Teil des Problems. Auch kann es ja nicht im eigenen Interesse von Großkonzernen sein, auf einem toten Planeten Handel zu betreiben. Schon deshalb könnten sie in Zukunft verantwortlicher handeln.

Was würde passieren, wenn alle Unternehmen nachhaltig und ökologisch handeln würden? Viele Unternehmen müssten ihre Haupttätigkeit einstellen. Die Liste der Branchen ist lang: Allen voran Öl- und Gasunternehmen, die Autoindustrie, die Rüstungsindustrie und viele andere mehr. Die Haupttätigkeitsfelder dieser Unternehmen sind nicht nachhaltig, im Gegenteil, sie führen zu großflächiger Landnahme, Emissionen und befördern nicht-nachhaltige Praktiken und Lebensstile. Andere Unternehmen müssten ihre Ziele verändern. So dürfte es nicht vorwiegend um den Absatz gehen. Zentrale Richtschnur für Unternehmen könnten beispielsweise „Zuverlässigkeit und Produktqualität" sein (Dörre 2021, S. 183). Mit der Unverbindlichkeit von CSR wird das kaum funktionieren. Da es in der Zukunft immer mehr um Verbindlichkeit und weniger um selbst gesteckte, selektive Ziele gehen wird, müssen Großunternehmen zukünftig eine andere Rolle spielen. Nachhaltigkeit darf nicht länger vorwiegend das sein, was Unternehmen behaupten, dass es sei. Vielmehr muss die Produktion nach planetaren Grenzen ausgerichtet werden.

Daher wäre es sinnvoll zwischen substanzieller Unternehmensverantwortung und selektiver Unternehmensverantwortung zu unterscheiden. Substanzielle Unternehmensverantwortung würde sich an übergeordneten Nachhaltigkeitszielen wie den Sustainable Development Goals (SDGs) orientieren: Nicht als Lippenbekenntnis, sondern in aller Konsequenz. Dies würde auch damit einhergehen, dass bestimmte Geschäftsbereiche geschlossen werden müssten oder sogar ganze Branchen schließen würden. Das vom Europäischen Parlament beschlossene Verbrennerverbot für Autos ab 2035 ist dafür ein Beispiel, wie substantielle Nachhaltigkeit aussehen kann. Hier soll ein Geschäftsbereich (Verbrennermotoren) in Europa geschlossen werden, der nachweislich zu hohen Emissionen führt (Mayr 2023). Zwar ist hier das Prinzip umgekehrt und Unternehmen werden zu substanzieller Unternehmensverantwortung gezwungen, aber der Beschluss zeigt, welche Ergebnisse substantielle Unternehmensnachhaltigkeit mit sich bringen würden.[1] Selektive Unternehmensverantwortung, die Unternehmen erlaubt sich für selbstgesetzte Ziele zu feiern, ist, wie gezeigt, das vorherrschende CSR-Paradigma. Sofern sich Unternehmensverantwortung nicht substantiell verändert, bleibt es nahezu wirkungslos oder sogar schädlich.

CSR ist vor dem Hintergrund der Machtverschiebung zwischen Staaten und Marktakteuren in den letzten Jahrzehnten zu verstehen. Hier zeigt sich, dass manche Konzerne nicht nur umsatzstärker als Staaten sind, sondern auch zu weniger verbindlichen globalen Regelungen bekennen möchten. CSR ist vor allem eine Unternehmensstrategie, um der Selbstverpflichtung bindender rechtlicher Regulationen vorzubeugen und gute Unternehmensreputation aufrecht zu erhalten. Gleichzeitig soll CSR auch innerhalb von Unternehmen stabilisierende Wirkung erzeugen. MitarbeiterInnen erleben ihr Unternehmen durch die strategische und selektive CSR-Verwendung als nachhaltig, obwohl es de facto Ressourcen verschwendet oder kurzlebige Produkte verkauft.

Substantielle Unternehmensverantwortung könnte mit der Umkehrung der CSR-Pyramide erreicht werden. Dies würde allerdings den Rückbau der Profitorientierung der Unternehmen bedeuten. Ohne eine substantielle Machtverschiebung zugunsten bedarfsorientierter und nachhaltiger Unternehmenskultur ist dieser Wandel nicht zu bekommen.

---

[1] Tatsächlich entstehen durch das Verbrennerverbot einige negative Folgewirkungen. Mit dem Verbrennerverbot kommt ein weiterer Schub Richtung E-Mobilität. Dieser Schub wird einen „grünen Extraktivismus" mit sich bringen, der an vielen Orten auf der Welt Umweltschäden verursachen wird. Sinnvollerweise würde das Verbrennerverbot an ein neues Mobilitätskonzept jenseits des Individualverkehrs gekoppelt.

Literatur

Babic, M., Heemskerk, E., & Fichtner, J. (10. Juli 2018). Who is more powerful – states or corporations? *The Conversation*. https://theconversation.com/who-is-more-powerful-states-or-corporations-99616.

Bowen, H. R. (2013). *Social Responsibilities of the Businessman*. University of Iowa Press.

Carroll, A. B. (2016). Carroll's pyramid of CSR: Taking another look. *International Journal of Corporate Social Responsibility*, *1*(3), 1–8. https://doi.org/10.1186/s40991-016-0004-6.

Corporate Reform Collective. (2014). *Fighting Corporate Abuse Beyond Predatory Capitalism*. Pluto.

Costas, J., & Kärreman, D. (2013). Conscience as control – managing employees through CSR. *Organization*, *20*(3), 394–415.

Crane, A., McWilliams, A., Matten, D., Moon, J., & Siegel, D. S. (Hrsg). (2008). *The Oxford Handbook of Corporate Social Responsibility*. Oxford University Press.

Deutsches Netzwerk Wirtschaftsethik. (2022a). *Verantwortung als Kerngeschäft: Leitsätze*. https://www.dnwe.de/about/leitsaetze/.

Deutsches Netzwerk Wirtschaftsethik. (2022b). *Über das DNWE*. https://www.dnwe.de/about/ueber-das-dnwe/.

Dörre, K. (2021). *Die Utopie des Sozialismus. Kompass für eine Nachhaltigkeitsrevolution*. Matthes & Seitz.

Energiezukunft. (27. Januar 2022). *Metalle und Mineralien für die Erneuerbare Energiewirtschaft*. https://www.energiezukunft.eu/wirtschaft/metalle-und-mineralien-fuer-die-erneuerbare-energiewirtschaft/.

Fleming, P., & Jones, M. T. (2012). *The end of corporate social responsibility: Crisis and critique*. SAGE.

Foster, J. B. (2002). *Ecology Against Capitalism*. Monthly Review Press.

Friedman, M. (1962). *Capitalism and Freedom*. Chicago University Press.

Friedman, M. (13. Juli 1970). A Friedman doctrine-- The Social Responsibility Of Business Is to Increase Its Profits. *New York Times*, S. 17. https://www.nytimes.com/1970/09/13/archives/a-friedman-doctrine-the-social-responsibility-of-business-is-to.html.

Hickel, J., & Kallis, G. (2020). Is Green Growth Possible? *New Political Economy, 25*(4), 469–486.

Kruse, W. (27. September 2012). *Industrialisierung und moderne Gesellschaft.* https://www.bpb.de/themen/kolonialismus-imperialismus/kaiserreich/139649/industrialisierung-und-moderne-gesellschaft/.

Marx, K. (2009). *Das Kapital.* Anaconda.

Mayr, J. (14. Februar 2023). *EU-Parlament besiegelt Verbrenner-Aus.* https://www.tagesschau.de/wirtschaft/technologie/verbrenner-aus-eu-101.html.

Oxfam. (2. Dezember 2015). *Oxfam: Die reichsten 10 Prozent verursachen die Hälfte der weltweiten Treibhausgase.* https://www.oxfam.de/presse/pressemitteilungen/2015-12-02-oxfam-reichsten-10-prozent-verursachen-haelfte-weltweiten.

Piketty, T. (2016). *Das Kapital im 21. Jahrhundert.* C.H. Beck.

Schwab, K. (1. Dezember 2019). *Why we need the ‚Davos Manifesto' for a better kind of capitalism.* https://www.weforum.org/agenda/2019/12/why-we-need-the-davos-manifesto-for-better-kind-of-capitalism/.

United Nations. (2014). *Leitfaden für nachhaltiges Wirtschaften.* https://d306pr3pise04h.cloudfront.net/docs/publications%2FUN_Global_Compact_Guide_to_Corporate_Sustainability_DE.pdf.

6

Für eine Ressourcenpolitik der Leichtigkeit

Dieses Buch wurde eingeleitet mit einem Kapitel über das Gewicht der globalen Politik. Immer mehr natürliche Ressourcen werden global ausgebeutet. Auf der einen Seite werden dadurch Bedürfnisse befriedigt und auf der anderen Seite kommt es zu immer größeren Umweltschäden, die für Menschen zur existenziellen Gefahr werden. Das hier gegenübergestellte Kapitel „Für eine Ressourcenpolitik der Leichtigkeit" befasst sich spiegelbildlich mit alternativen Wegen der Ressourcenpolitik. Eine zentrale Frage hierbei lautet: Wie lässt sich der stoffliche Abdruck zum Wohle von Menschen und Natur verringern? Damit ist dieses letzte Kapitel ein Ausblick darauf, wie zukünftig ressourcenschonender und sogar glücklicher gelebt werden könnte. Eine These, die hierbei vertreten wird, ist, dass zunächst einmal ein Raum zum Umdenken und ein neues Bewusstsein geschaffen werden müssen. Technologische Innovation und betriebliche

© Der/die Autor(en), exklusiv lizenziert an Springer Fachmedien Wiesbaden GmbH, ein Teil von Springer Nature 2023
J. J. Finkeldey, *Globale Ressourcenpolitik,* Elemente der Politik,
https://doi.org/10.1007/978-3-658-42175-5_6

Raffinesse können zwar zur Ressourceneffizienz beitragen, aber sind alleine nicht ausreichend, um den globalen Ressourceneinsatz zu verringern.

Wo sind Sparpotentiale für zukünftige Ressourcennutzung? Laut Umweltbundesamt müssen hierfür unterschiedliche Maßnahmen ergriffen werden, die Ressourcen- und Klimapolitik eng zusammendenken. Mit Blick auf Deutschland könne der Ressourcenverbrauch perspektivisch besonders hinsichtlich der Energiewende zu erneuerbaren Energien, stark steigenden Recyclingraten und technologischem Fortschritt gesenkt werden. Außerdem müsste die Materialeffizienz gesteigert und mehr Leichtbau bzw. energetisch effizienterer Wohnungsbau durch Subventionen gefördert werden. Im Idealfall könnte insgesamt damit der Rohstoffkonsum im Vergleich zu 2019 bis zu 35 % im Jahre 2030 gesenkt werden. Lediglich der Rohstoffkonsum von Metallen für Photovoltaik- und Windkraftanlagen wäre in diesem Szenario höher (Lutter et al. 2022, S. 83). Ob diese Maßnahmen zum Tragen kommen, hängt laut Umweltbundesamt von „der Innovationskraft der Unternehmen, vom privaten Konsumverhalten und nicht zuletzt vom Mut der Politik ab" (Lutter et al. 2022, S. 83).[1]

Das Bundesumweltamt nennt sieben politische Strategien, um der Übernutzung von natürlichen Ressourcen entgegen zu wirken:

1. Decoupling oder Entkopplung des wirtschaftlichen Wachstums vom Ressourcenverbrauch

---

[1] Das Bundesumweltamt in Dessau-Roßlau, das dem Bundesumweltministerium unterstellt ist, könnte zur ressourcenschonenderen Politik innerhalb des deutschen Institutionengefüges eine Aufwertung erfahren. Damit würde gleichzeitig deutlich gemacht werden, dass das Anliegen der Ressourcenschonung ins Zentrum des politischen Interesses rückt.

2. Energiewende: hier soll der Weg aus der fossilen Brenn-
stoffnutzung geebnet werden
3. Kreislaufwirtschaft: Erschaffung kreisförmiger Wirtschaftskreisläufe
4. Ressourceneffizienz
5. Nachhaltigkeit: „Bedürfnisbefriedigung innerhalb der lang-
fristigen Regenerationsfähigkeit natürlicher Ressourcen"
(Dittrich et al. 2023, S. 42)
6. Zirkuläre Wirtschaft: „Rohstoffe in allen Wert-
schöpfungsstufen der Wirtschaft möglichst lange zu
nutzen" (ebd.)
7. Degrowth: „Verringerung von Konsum und Produktion
als ein Weg zu mehr sozialer Gerechtigkeit, ökologischer Nachhaltigkeit und Wohlbefinden" (ebd.)

Energiewende und Postwachstum werden in der Folge
als vielversprechende politische Konzepte vorgestellt.
Ihnen stelle ich die Idee von Gemeinschaftsgütern und
den Akteur der sozialen Bewegungen zur Seite. In der
Zusammenschau ergibt sich ein Wimmelbild mit unterschiedlichen Konzepten und Akteuren, die zu mehr
Leichtigkeit in der globalen Ressourcenpolitik führen
würden. Mit Leichtigkeit ist hier gemeint, dass sich der
stoffliche Fußabdruck politischer Entscheidungen verringern würde. Leichtigkeit zielt hier aber auch auf die
psychologische Komponente: Der neuste Bericht des
Weltklimarates (IPCC) spricht von gravierenden mentalen
Schäden, die aus dem eng an den globalen Ressourcenverbrauch gekoppelten Klimawandel erwachsen. Neben
posttraumatischen Belastungsstörungen (PTBS) nach
Extremwetterereignissen gibt es immer mehr Hinweise
auf neuartige psychische Störungen wie „eco-anxiety" und
„Solastalgie". „Eco-anxiety" beschreibt überwältigende
Stressreaktionen auf die Bedrohungen des Klimawandels

wie „Handlungslähmung, Appetitverlust, Schlaflosigkeit oder Panikattacken" (Bundesumweltamt 2021). Als „Solastalgie" werden Trauergefühle über bereits verlorene Natur bezeichnet. Leichtigkeit meint daher nicht nur weniger Gewicht, sondern auch weniger Sorgen. Welche Schritte können eine neue Leichtigkeit begünstigen?

6.1   Postwachstum

Postwachstum ist ein Forschungsprogramm, das aus interdisziplinärer Perspektive Bewältigungsstrategien zur Reduzierung des Ressourcenverbrauchs und gleichzeitig zum nachhaltigeren Leben erkundet. Geteilte Prämisse dieses Forschungszweigs ist es, dass die Übernutzung von natürlichen Ressourcen die gemeinsamen Lebensgrundlagen auf dem Planeten zerstören. Während weite Teile der Volkswirtschaftslehre Wirtschaftswachstum für unerlässlich halten, sehen VertreterInnen des Postwachstumsansatz eine Chance in der Abkehr der volkswirtschaftlichen Wachstumsidee und verbinden damit sogar die Möglichkeit eines besseren Lebens. „Less is more" heißt programmatisch eine einschlägige Publikation des vielzitierten Anthropologen Jason Hickel, der sich für die Postwachstumsidee stark macht. Während sich Hickel im ersten Teil des Buchs mit dem Wachstumsimperativ des Kapitalismus befasst (siehe auch Kap. 4 in diesem Buch), spricht er sich im zweiten Teil des Buches für weniger Wirtschaftswachstum aus. Mit Blick auf die USA, gewissermaßen die Herzkammer des Kapitalismus, wirke Wirtschaftswachstum ab einem bestimmten Punkt zerstörerisch: Es erzeuge Überkonsum, Überarbeitung und Umweltzerstörung. Was Menschen hingegen intrinsisch als sinnvoll erachten sind „Kooperation, Gemeinschaft und menschliche Verbindung" (Hickel 2020, S. 180,

Übersetzung JF), wofür das Wachstum der Volkswirtschaft kein guter Indikator sei. Dafür braucht es ein Ende der „verrückten Schnelligkeit der Extraktion, Produktion und Abfall, und Verlangsamung der verrückten Geschwindigkeit unseres Lebens" (Hickel 2020, S. 204, Übersetzung JF). Hierfür müssten Ökonomien so ausgerichtet werden, dass weniger Ressourcen verbraucht und diese fair verteilt würden (ebd.).

Materialschonung im Sinne der Postwachstums-BefürworterInnen würde Entwaldung vorbeugen, weniger Lebensräume zerstören und Biodiversitätsverlust vermeiden (Hickel 2020, S. 206). In Kap. 3 ging es zunächst um die Frage, ob KonsumentInnen es selbst in der Hand hätten, Ressourcen zu sparen. Hickel (2020) überlegt sich fünf Möglichkeiten, wie Ressourcen durch Verbote und Sharing-Modelle besser genutzt werden können. Diese Maßnahmen könnten von allen Ebenen im politischen Mehrebenensystem gestützt und Postwachstum in ein politisches Programm überführt werden.

> **Infobox 9: Schritte zur Umsetzung vom Postwachstum I**
>
> **Schritt 1: Geplante Obsoleszenz beenden**
> Bereits in den 20er Jahren des 20. Jahrhundert baute man einige Produkte so, dass sich ihre Lebensdauer verkürzte. Schon vor rund hundert Jahren haben Glühlampenhersteller in den USA ein Kartell gegründet, das die Lebensdauer aller Birnen auf rund tausend Stunden begrenzte. Seither ist die sogenannte geplante Obsoleszenz zum weitverbreiteten Geschäftsmodell geworden. Diese Unternehmensstrategie führt seither dazu, dass Produkte schneller ersetzt werden müssen. Heute werden Laptops und Smartphones so konzipiert, dass Updates ab einem bestimmten Punkt nicht mehr auf älteren Geräten funktionieren oder Ersatzteile kaum erhältlich sind. Die durchschnittliche Lebensdauer eines

Smartphones in der EU beträgt rund zwei Jahre, bei Waschmaschinen deutlich unter zehn Jahren (Šajn 2022, S. 4). Bisher gibt es für Produkte während der Garantiezeit ein Recht auf Reparatur. Daher spricht sich Hickel dafür aus, das Recht auf Reparatur auszuweiten: Es könnte beispielsweise illegal werden, Produkte zu verkaufen, die nicht einfach zu reparieren sind und für die es keine erschwinglichen Ersatzteile gibt. Hickel rechnet vor, dass es mit Smartphones und Waschmaschinen, die viermal länger genutzt werden, 75 % weniger Elektroschrott geben würde (Hickel 2020, S. 210).

Schritt 2: Werbung zurückdrängen

Viele Menschen haben das Gefühl, dass ihnen Produkte, die sie gar nicht brauchen, aufgeschwatzt werden. Werbung weckt oft Angstgefühle bei KonsumentInnen, die sich vorgeblich mit dem Konsum des beworbenen Produkts bewältigen lassen. Hierfür greift Werbung tief in die psychologische Trickkiste. Hickel überschlägt, dass sich durch ein Ende des „Fast Fashion"-Trends ungefähr 80 % der natürlichen Ressourcen in der Bekleidungsindustrie einsparen ließen. Weniger Werbung führe auch zu höherem Wohlbefinden: Menschen fühlten sich weniger unzulänglich. Dies sei auch erreichen, wenn Bannmeilen für Werbung um Schulen und weitere Institutionen wie in Frankreich ausgeweitet würden (Hickel 2020, S. 211–214).

Infobox 9: Schritte zur Umsetzung vom Postwachstum II

Schritt 3: Verlagerung von Eigentum zu geteilter Nutzung

Werkzeuge oder andere Gebrauchsgegenstände werden meistens für einzelne Haushalte angeschafft. Nachbarschaftlich geteilte Werkstätten können den materiellen Fußabdruck insgesamt deutlich verringern. Große Städte sind häufig von Autos überfüllt: Der Ausbau der Fahrradinfrastruktur und des ÖPNV-Netzes kann hierfür Abhilfe schaffen.

Schritt 4: Essensverschwendung beenden
Sowohl in der Produktion, als auch in privaten Haushalten werden bis zu 50 % des Essens weggeworfen. Obst und Gemüse werden häufig allein wegen des äußeren Erscheinungsbilds entsorgt, bevor sie in den Supermarkt kommen. Supermärkte könnten wie in Frankreich und Italien noch stärker dazu angehalten werden ihre überschüssigen Essenswaren an Tafeln weiterzugeben (Hickel 2020, S. 216).

Schritt 5: Verkleinerung von destruktiven Industrien
Es lohnt sich dort anzusetzen, wo besonders viele Emissionen anfallen: Dies ist neben der fossilen Energieindustrie die Rindfleischindustrie. Ähnlich wie bei der Carbon-Steuer, könnte es auch eine Steuer auf rotes Fleisch geben. Die Produktion von rotem Fleisch führt zur Rodung von Wäldern zur Futtermittelproduktion und in der Viehhaltung zum Ausstoß großer Mengen an Methan. Der Postwachstumsansatz geht davon aus, dass der geplante Rückbau von schädlichen Industrien dazu führen kann, dass Arbeitsplätze in anderen weniger destruktiven Industriezweigen entstehen können.

Kann die Postwachstumsperspektive einen Ausweg aus globaler Ressourcenübernutzung bringen? Der Ansatz findet gerade in Europa Resonanz. 2014 brachte ein Postwachskongress in Leipzig 4000 WissenschaftlerInnen und AktivistInnen zusammen. Die Postwachstumsperspektive wird akademisch am wirkmächtigsten von der Barcelona School (Kallis 2023) vertreten: Einige Bücher und Wortbeiträge finden auch außerhalb von Universitäten viel Gehör. AktivistInnen im globalen Süden sehen die Perspektive hingegen sehr viel skeptischer. Postwachstum wird hier besonders als Bremse von Entwicklungsperspektiven angesehen. Die Potenziale für eine globale

Postwachstumsbewegung ist daher eher gering (Rodriguez-Labajos et al. 2019; siehe auch Finkeldey 2023, S. 118 ff.).

Obwohl die Postwachstumsperspektive bisher noch wenig Anklang in Regierungsprogrammen, geschweige denn in Konzernplänen gefunden hat, finden einige der oben genannten Politikvorschläge an zentraler Stelle Gehör. Postwachstum ist auch deshalb besonders wirkmächtig, weil die Ideen an der Wurzel des Übernutzungsproblems ansetzen und konkrete Vorschläge zur nachhaltigeren Bewirtschaftung von Ressourcen macht.

6.2   Gemeinschaftsgüter

In einem viel beachteten Essay von 1968 argumentierte Gerrett Hardin gegen den freien Zugang zu natürlichen Ressourcen und warnte vor einer Tragödie. In der Allmende-Forschung wurde bereits seit einiger Zeit untersucht, ob Ressourcen-AnliegerInnen ihren Zugang und die Nutzungsregeln zu natürlichen Ressourcen am besten selbst organisieren könnten. Allmende werden auch Gemeinschaftsgüter genannt. Der Gedanke dahinter ist, dass die Nutzung nicht durch Eigentumstitel oder staatliche Zuteilung erfolgt, sondern durch die Selbstorganisation von Menschen, die die Ressource selbst bewirtschaften.

Am Beispiel eines Weideland-Allmendes warnte Hardin davor, dass WeidelandnutzerInnen dazu tendieren würden jeweils zu viele Kühe auf die Weide zu stellen und somit leichtfertig ihre eigene wirtschaftliche Grundlage zerstörten. Jeder nutzenmaximierende Viehzüchter würde den größten individuellen Nutzen von möglichst vielen eigenen Kühen auf der Weide haben. Der zusätzliche Schaden, den eine zusätzliche Kuh auf der Weide verursache, werde hingegen von den Hirten geteilt und sei daher um ein Vielfaches niedriger als der individuelle Ertrag. Verhalten sich allerdings alle Viehzüchter rational, indem sie immer mehr Kühe auf die Weide stellen, komme es am Ende zum „Tag der Abrechnung" (Hardin 1968, S. 1244, Übersetzung JF). Selbst-Organisation würde ohne Regelsetzung äußerer Akteure in einer Tragödie münden: Die Weiden würden durch die Kühe abgegrast und somit zerstört. Zur Rettung natürlicher Ressourcen könnten nach Hardin Steuern verhängt oder Verbote durch Gesetze erlassen werden (Hardin 1968, S. 1245). Wie im Kommenden beschrieben wird, widerspricht die Allmende-Forschung dieser Interpretation.

Bisher wurden besonders KonsumentInnen, Staaten und transnationale Organisationen als wichtige Akteure der globalen Ressourcenpolitik vorgestellt. Auch die staatlichen und überstaatlichen Ziele wie Ressourceneffizienz und Versorgungssicherheit wurden in den letzten Kapiteln beleuchtet. Offen bleibt die zentrale Frage, ob natürliche Ressourcen auch – teilweise oder ganz – durch lokale Selbstorganisation erfolgreich bewirtschaftet werden können. Dahinter steht die Frage, welche Ressourcenmanagement-Systeme mit welchen Steuerungsmechanismen am besten funktionieren. Elinor Ostrom, die in besonderer Weise die Forschung zu Gemeinschaftsgütern popularisiert hat, wurde für ihre Arbeiten 2009 mit dem Nobelpreis geehrt und zeigt Wege und Regeln, nach denen Gemeinschaftsgüter erfolgreich bewirtschaftet werden können. Die Gemeinschaftsgüterliteratur befasst sich besonders mit den „Big Five": „Fischerei, Waldwirtschaft, Bewässerungssysteme, Wassermanagement und Tierzucht" (Euler und Theesfeld in Ostrom 2022a, b, S. 95). Auch wenn die Gemeinschaftsgüter oder Commons-Forschung explizit kein „Kochrezept" vorschlagen möchte, gibt sie doch wichtige Hinweise zur „Orientierung und Inspiration für konkrete und kontextangepasste Problemlösungen" (ebd., S. 98). Bei der Analyse von Akteuren dürfen zentrale Kontextfaktoren nicht außer Acht gelassen werden. Hierzu zählen: „Biophysikalische Bedingungen" oder „Güterarten", „Eigenschaften der handelnden Gruppe" und „Nutzungsregeln" (Ostrom 2022a, b, S. 19).

Die Grundidee der Gemeinschaftsgüter besteht darin, einen dritten Weg zwischen staatlicher Regulation und privatwirtschaftlicher Produktion natürlicher Ressourcen auszuloten. Ziel ist es unter anderem allgemein gültige Bewirtschaftungsprinzipien für natürliche Ressourcen zu finden. Einige Prinzipien seien hier genannt:

1A. NutzerInnengrenzen: Klar definierte Grenzen: Klare und für Menschen vor Ort verständliche Grenzen zwischen legitimen NutzerInnen und NichtnutzerInnen sind vorhanden.
1B. Ressourcengrenzen: Klare Grenzen, die spezifische Gemeinressourcen von einem größeren sozial-ökologischen System abgrenzen, sind vorhanden.
…
3. Arrangements für kollektive Entscheidungen: Die meisten Personen, die von einem Ressourcenregime betroffen sind, sind berechtigt, sich an der Erstellung und Änderung der Regeln zu beteiligen (Ostrom 2022a, b, S. 33).

Die Perspektive Ostroms stützt sich zunächst auf die Annahme, dass staatliche Regelmechanismen oder das Spiel freier Marktakteure nicht in jedem Kontext zur optimalen Bewirtschaftung von Ressourcen führen würden. Vielmehr seien es oft die NutzerInnen und AnliegerInnen selber, die vor Ort nachhaltigere Bewirtschaftungskriterien am besten aufstellen und überwachen könnten. In Abgrenzung zu Hardin unterstreicht Ostrom, dass Anrainer von natürlichen Ressourcen miteinander kommunizieren und sich über die Nutzungsregeln selbst verständigen würden. Daher sei es kein Automatismus, dass die von Hardin angesprochene Weide übernutzt würde.

Am Beispiel des 600 EinwohnerInnen-Dorfes Törbel im Kanton Valais in den Schweizer Alpen kann nachvollzogen werden, wie Gemeinschaftsgüter erfolgreich bewirtschaftet werden. Für das Dorf gibt es fünf mehrheitlich kommunal-organisierte Eigentumstitel, von denen nur einer die exklusive Bewirtschaftung von natürlichen Ressourcen festhält. Anders als Hardin es unterstellt, gelten in Törbel selbst-organisierte Nutzungsregeln seit Jahrhunderten und die Weiden blieben über diese Zeit intakt. Die Statuten des Dorfes werden von allen ViehzüchterInnen des Dorfes verabschiedet. Verstöße gegen die Nutzungsregeln werden von lokalen Offiziellen (Gewalthabern) beaufsichtigt (Ostrom 2015, S. 62). Allerdings ist Törbel ein nach außen geschlossenes Dorf: Aufnahme in das Allmende-System ist kaum möglich (Anderies und Janssen 2016, S. 64–65). Allmende-Güter können effektiver als andere Bewirtschaftungsformen sein, da diejenigen, die von einer Ressource leben, auch gleichzeitig diejenigen sind, die sie bewirtschaften. In diesen Fällen ist es im Eigeninteresse, natürliche Ressourcen möglichst nachhaltig zu bewirtschaften.

Die Allmende-Forschung hat sich auch mit der Frage von globalen Ressourcen wie sauberer Luft befasst (Global Commons). Wenn man sich allerdings die drei oben aufgezählten Kriterien für erfolgreiche Ressourcennutzung anschaut, erkennt man, dass es hier keine klar abgegrenzten NutzerInnengruppen und Ressourcengrenzen gibt. Außerdem kann sich nur ein Bruchteil (Delegierte bei internationalen Konferenzen) der Betroffenen von verschmutzter Luft an den Entscheidungen zur Bewirtschaftung beteiligen. Die Bewirtschaftung von Allmende-Gütern bietet sich damit vor allen Dingen bei natürlichen Ressourcen mittlerer Größe an, auf deren Nutzung die Anrainer im besonderen Maße angewiesen sind. Werden die Ressourcen wie Wälder oder Bewässerungssysteme nicht als wichtig anerkannt, ist es zentral, diese beispielsweise durch Gesetze zu schützen. Gemeinschaftsgüter kann man also nicht wie ein „Kochrezept" nach einem vorgegebenen Plan bewirtschaften. Vielmehr müssen Zugangs- und Bewirtschaftungsregeln unter den AnliegerInnen ausgehandelt und immer wieder nach nachhaltigen Kriterien befragt werden.

6.3   Globale Energiewende

Klimawandel ist die zentrale Herausforderung dieser und kommender Generationen. Die Rolle, die die fossile Energiewirtschaft in der Zukunft spielen wird, ist fast gleichzusetzen mit den Herausforderungen des Klimawandels: Die Fossilwirtschaft ist für 80 % der globalen CO_2-Emissionen verantwortlich und außerdem ein zentraler Verursacher von Treibhausgasen wie Methan (de Graaf und Sovacool 2020, S. 5). Seit der Industriellen Revolution haben Menschen durch das Verbrennen von Kohle und später Öl mehr CO_2 emittiert als Pflanzen und Ozeane absorbieren können (de Graaf und Sovacool 2020, S. 97). Eine zentrale Herausforderung für eine globale Energiewende ist, dass es bei heutigen Klimazielen nur noch wenig Spielraum für Emissionen gibt. Neben den Herausforderungen der praktischen Umsetzung macht sich die zeitliche Dringlichkeit bemerkbar. Die Frage ist also, wie global von CO_2-intensiven Ressourcen Abstand genommen werden kann und womit sie realistischerweise ersetzt werden können.

Eine globale Energiewende hieße, dass Energiesysteme radikal auf erneuerbare Energien umgesteuert werden müssten. Gleichzeitig müsste auch absolut gesehen weniger Energie verbraucht werden, um den negativen Tendenzen des „grünen Extraktivismus" (siehe Abschn. 5.1) vorzubeugen. Wie realistisch ist das und welche Auswirkungen hätte eine globale Energiewende?

Das Solutions Project errechnet Wege, wie bis 2050 jedes Land der Welt auf 100 % erneuerbare Energie umsteuern könnte. Für Deutschland wird beispielsweise errechnet, dass vor allem Onshore-Windparks (41,1 %) und Offshore-Windparks (20,4 %) sowie Solaranlagen (20,4 %) die größten Mengen an Energie erzeugen können. Im Zuge dieser Energiewende könnten über eine halbe Millionen Jobs geschaffen werden. Auch die Energiekosten würden so um rund ein Drittel fallen (Solutions Project 2023a). In den USA könnten sogar über 2,5 Mio. feste Jobs im Zuge einer vollkommenen Energiewende geschaffen werden (Solutions Project 2023b).

Auch der bekannte Energie- und Umweltwissenschaftler Vaclav Smil untersucht die Möglichkeiten und die Wahrscheinlichkeit einer globalen Energiewende. Smil sieht für einzelne Länder durchaus die Möglichkeit einer schnellen Transformation, aber insgesamt sei die Aussicht auf eine globale Energiewende eine „inhärent langwierige Angelegenheit" (Smil 2017, S. 175, Übersetzung JF). Damit hält er auch die Hoffnung des Solutions Project für extrem unwahrscheinlich. Neben dem mangelnden politischen Willen gibt es einige Gründe davon auszugehen, dass die globale Energiewende „langwierig" sein wird.

Für einige der heutigen Nutzungen von Stahl, Zement, Ammoniak und Plastik gibt es noch keinen Ersatz (Smil 2017, S. 186). Gerade Zement und Stahl werden aber zum Beispiel für den Bau von Windparks gebraucht. Ersatzmaterialien müssten erst noch gefunden werden. Die Implementierung einer globalen Energiewende würde darüber hinaus auch die Gefahr in sich bergen, dass sich die Problemlage verschiebt und neue umweltbelastende Praktiken an die Stelle der fossilen Energiewirtschaft rücken würden (siehe grüner Extraktivismus). Im Vorteil für eine tiefe Transformation hin zu erneuerbaren Energien seien einige ambitionierte Länder mit geringerem Energiebedarf, aber auch bei den Ambitioniertesten sieht Smil nicht die Einsparungspotenziale wie das Solution Project. Dies habe mit der Überschätzung technischer Innovation zu tun sowie der Trägheit komplexer Infrastrukturen von Energiesystemen (Smil 2017, S. 200). Die Infrastruktur um konventionelle Energieträger umspannt die ganze Welt und hat häufig eine geplante Lebensdauer von noch einigen Jahrzehnten. Die gegebene Infrastruktur führe zu „Log-Ins":

> Coal and uranium mines, oil and gas fields, coal trains, pipelines, coal-carrying vessels, oil and gas tankers, coal treatment plants, refineries, LNG terminals, uranium processing (and reprocessing) facilities, … gasoline and diesel filling stations constitute the world's most extensive, and most expensive, web of energy-intensive infrastructures that now spans the globe, with many of its parts expected to serve for decades. … Could we expect that the world will simply walk away from these infrastructures before the investments will be amortized and produce rewarding returns? (Smil 2017, S. 200–201)

Neben diesen scheinbar determinierenden infrastrukturellen Faktoren betont Smil (2017, S. 204–207) aber auch die wiederkehrenden Überraschungen im globalen Energiesektor. Immer wieder würden hervorgerufen durch Preisschwankungen bestimmte Energieträger begünstigt werden. Außerdem kann der Neubedarf von großen Energiekonsumenten (z. B. Indien) positive oder negative Überraschungen bringen. Zu einem unvorhergesehenen Ereignis zählt auch der russische Angriff auf die Ukraine. Es wird weiterhin für möglich gehalten, dass durch die EU-Sanktionen gegen Russland die Dekarbonisierung in Europa beschleunigt werden könnte. Gekoppelt mit dem New Green Deal (siehe Abschn. 4.3.2) könnte es tatsächlich zu einer weniger CO_2-intensiven Wirtschaft in der EU kommen. Global gesehen findet Russland aber weiterhin Abnehmer für seine fossilen Energieträger. Auch die Covid-Investitonsprogramme waren global mehrheitlich Investitionen in fossile Energieträger. Damit wurde eine Chance verpasst, öffentliche Investitionen in erneuerbare Energien zu leiten (Engels et al. 2023, S. 78).

Auch wenn die globale Energiewende länger dauert und damit die Pariser Klimaziele verpasst werden, sollte es staatliche und überstaatliche Akteure nicht davon abhalten, in Energiewenden zu investieren. Nicht nur sind fossile Energieträger erschöpflich, auch die Ausbeutung wird durch tiefer liegende Lagerstätten immer aufwendiger. Auch eine kurzfristige Kosten-Nutzen-Analyse legt den Schluss nahe, dass fossile Energieträger schlichtweg unwirtschaftlicher sind als erneuerbare Energieträger. Ein Problem hinter dieser Erkenntnis bleibt, dass eine Energiewende enorm ressourcenintensiv sein wird. Der Druck, dass die heute gebauten Energie-Infrastrukturen nachhaltig sein müssen, war nie größer.

6.4   Soziale Bewegungen

Anders als konsolidierte Akteure wie Staaten tauchen soziale Bewegungen in Zyklen auf und verschwinden für einige Zeit wieder. So waren soziale Bewegungen seit den 1980er Jahren immer wieder zentrale Akteure der Umweltpolitik: Die Umweltgerechtigkeitsbewegung aus den USA der 80er, die Anti-AKW-Bewegung in Deutschland und die anhaltende Fridays for Future Bewegung sind hierfür bekannte Beispiele. Auch wenn die Mobilisierungen meistens spätestens nach ein paar Jahren abebben, bleiben die Anliegen der Bewegungen so lange relevant, wie die Probleme ungelöst bleiben. Umweltprobleme haben die Eigenschaft, sich meistens eher zu verschlimmern. Heute zielen Mobilisierungen vor allen Dingen auf die fossile Energiewirtschaft und den damit eng verbundenen Mobilitätssektor. Ich nenne diese Bewegungen "fossil-free movements" und definiere sie als:

> organised and sustained groups using different tactics to stop fossil-fuel projects at the point of extraction or any other point of the production cycle. Fossil-free activists are at particular risk of violence, as they threaten the profits of a billion-dollar industry that is often backed by the state and therefore heavily policed. The challenge to stop fossil fuels might be coupled with a range of other demands and frames around conservation, climate change, or anti-racism. (Finkeldey 2023, S. 3)

Soziale Bewegungen sind in der Ressourcenpolitik vor allen Dingen Agenda-Setter und Mahner. Die stärkste Ressource, die soziale Bewegungen haben, ist dabei Aufmerksamkeit. Davon haben gerade Umweltbewegungen in den letzten Jahren wieder mehr erfahren. Was fordern sie genau? Viele Forderungen zielen auf die Energie- und

Verkehrspolitik, wo es große Ressourceneinsparpotenziale gibt. Aktuelle Forderungen der Fridays for Future Bewegung in Deutschland umfassen:

- Die Verabschiedung eines 1,5 °C-konformen CO_2-Budgets
- Die sofortige Beendigung neuer Erdgasinfrastruktur-projekte und Beschluss des Erdgasausstiegs bis spätestens 2035
- Einen sozialverträglichen Ausstieg aus allen fossilen Energien in Deutschland
- Die Beseitigung aller (politischen) Ausbaubremsen für Sonnen- und Windenergie und die Versiebenfachung des Ausbaus
- Das Einleiten einer radikalen, sozial gerechten Mobilitätswende
- Das Übernehmen globaler Verantwortung: Deutschland verpflichtet sich, für seine historischen Verantwortungen einzustehen (Fridays for Future n. d.)

Während verschiedene Bewegungen sich in der Sache einig sind, unterscheiden sie sich in ihren Protestformen: Während viele Bewegungen eher auf Bildung setzen, sehen andere Organisationen physische Blockaden als effektivste Protestform an (siehe Abb. 6.1). Ende Gelände und Die letzte Generation nutzen Blockade-Taktiken, um Energie- und Verkehrsadern still zu legen. Fridays for Future setzt auf möglichst inklusive Protestformen: Zu regelmäßigen Klimastreiks kommen neben SchülerInnen, Studierenden auch viele Familien. Interessanterweise sind die Protestformen der Letzten Generation konfrontativer, aber die Forderungen beschränken sich auf ein Tempolimit von 100 km/h auf deutschen Autobahnen und ein dauerhaftes 9-Euro-Ticket zur günstigen Benutzung des öffentlichen Verkehrsnetzes. Darüber hinaus fordert die Letzte

Organisation	Organisation type/ URL	Active since	Main tactic	Size	Regional focus
Shale must fall	Campaign network https://shalemustfall.org	2020	Connecting	Big	Global
Fossil fuel non-proliferation treaty	Campaign network https://fossilfueltreaty.org	2019	Educating and connecting	Medium	Global/ UK-focused
Fridays for Future	Social movement https://fridaysforfuture.org	2018	Lobbying and educating	Big	Global
Extinction Rebellion	Social movement https://rebellion.global	2018	Blocking and educating	Big	Global
Sunrise Movement	Social movement www.sunrisemovement.org/	2017	Blocking and educating	Big	USA
Ende Gelände International	Social Movement www.ende-gelaende.org/en/	2015	Connecting and blocking	Big	Germany-focused
Environmental Justice Atlas	Research network https://ejatlas.org/featured/blockadia	2015	Educating and connecting	Big	Global
DivestInvest	Activist Network www.divestinvest.org/about/	2014	Diverting finance	Big	Global
Leave it in the ground (LINGO)	NGO www.leave-it-in-the-ground.org/	2011	Lobbying and educating	Small	Europe
Carbon Tracker	Think tank https://carbontracker.org	2011	Educating	Big	Global
350.org	NGO www.350.org https://gofossilfree.org/	2008	Movement building and educating	Big	USA
Oil Change International	NGO http://priceofoil.org/	2005	Lobbying and educating	Big	USA

Abb. 6.1 Internationale „fossil-free" Bewegungen und ihre Taktiken, jeweilige Größe und regionaler Fokus (Quelle: Finkeldey 2023, S. 135, **(CCBY-NC-ND)** Lizenz)

Generation einen Gesellschaftsrat, der einen Weg zur Emissionsfreiheit bis 2030 erarbeiten soll. Die Mitglieder dieses Rates sollen per Losverfahren gezogen werden.

Auf lokaler und teilweise nationaler politischer Ebene schaffen es die Bewegungen erfolgreiche Lobbyarbeit bei politischen Akteuren zu leisten. Verschiedene Städte wie Hannover und Tübingen haben bereits öffentlich die Forderungen der Letzten Generation anerkannt, indem sie gemeinsame Vereinbarungen getroffen haben (Bayrischer Rundfunk 2023). Das kann nicht darüber hinwegtäuschen, dass die großen Hebel der Energiewirtschaft und Verkehrspolitik in den Händen des Bundes liegen. Auf Bundesebene gibt es keine vergleichbaren Vereinbarungen. Trotzdem zeigen die Vereinbarungen von Hannover und Tübingen, dass Teile der Politik für die Forderungen anschlussfähig sind.

Das Möglichkeitsfenster für ressourcenrelevante Politikvorschläge ist gerade weit offen. Soziale Bewegungen stellen Forderungen, die zur Erfüllung nachhaltigerer Ressourcenwirtschaft wichtig wären (e.g. Finkeldey 2018). Viele, aber nicht alle Bewegungen, die sich mit Ressourcen auseinandersetzen, eignen sich das Postwachstums-Paradigma an. Verbindend ist die Einhaltung des 1,5 Grad Ziels, das somit eine wichtige Klammer schafft. In Industrienationen wäre es eine wichtige Ergänzung zu fordern, dass der stoffliche Abdruck verkleinert werden muss. Eine wachstumsbasierte Strategie zur Einhaltung des 1,5 Grad Ziel, sofern dies überhaupt physikalisch möglich ist, würde zumindest einige der negativen Auswirkungen des Extraktivismus (siehe Abschn. 2.4) fortschreiben.

6.5 Fazit: Jenseits der Illusionen: Leichtigkeit statt Ressourcensouveränität

Auffallend ist, dass der Staat aus der Sicht unterschiedlichster Theorieschulen weiterhin als Hauptakteur der Ressourcenpolitik angesehen wird. Staaten besitzen weiterhin das mit Abstand größte Steuerungspotenzial in der Ressourcenpolitik (siehe Abschn. 3.1). Da es keinen Grund zur Annahme gibt, dass sich das in Zukunft ändert, erscheint es sinnvoll, zuvorderst staatliche Akteure und ihre Interdependenz mit anderen Akteuren in den Blick zu nehmen. Das heißt nicht, dass gute Ideen nicht häufig aus anderen Bereichen der Gesellschaft kommen. Nehmen wir die zukünftige Entwicklung in der globalen Ressourcenpolitik aus deutscher Perspektive in den Blick.

Ressourcensouveränität wird gerade in politischen Krisen angemahnt und überlagert insgesamt Maßnahmen zur Ressourcenschonung. Für importabhängige Staaten wie Deutschland ist die Frage aber präziser zu stellen: Von welchen Importeuren möchte man zukünftig abhängig sein? Ressourceneffizienzprogramme und Rohstoffstrategien können nicht darüber hinwegtäuschen, dass Deutschland auch zukünftig die Mehrzahl der energetischen und sowie nicht-energetischen Rohstoffe importieren wird. Auch die Rohstoffe für die Infrastrukturmaßnahmen für eine vollständige erneuerbare Energiewende sind nicht im Inland zu finden. Das Lieferkettengesetz legt zumindest zum ersten Mal einen Fokus auf die sozialen Auswirkungen der Produktionsbedingungen. Das Ziel des Freihandels bleibt aber weiterhin von der deutschen Regierung unangetastet (SPD, Grüne und FDP 2021), somit werden auch weiterhin Materialen und Dienstleistungen teilweise zu Dumpingpreisen nach Deutschland importiert. Die Nachfrage nach Lithium wird weltweit im Vergleich zum Jahr 2019 bis 2030 um 637 % steigen, Kobalt um 183 % und Nickel um 105 % (Statista 2023): Damit zeichnet sich ab, dass in Zukunft die Verteilungskämpfe noch härter ausgefochten werden und auch weiterhin Abstriche bei Menschenrechtsfragen gemacht werden. Zweifelhaft ist bei steigendem Lieferbedarf somit, ob in Zukunft tatsächlich bessere soziale und ökologische Standards durchgesetzt werden können. Auch auf Ebene der EU wurden mit dem Critical Raw Materials Act zwar Absichten zur größeren Ressourcensouveränität verabschiedet und besonders die Unabhängigkeit von China angemahnt, allerdings sind selbst die relativ tief gehängten Ziele für niemanden verpflichtend (Bourgery-Gonse 2023). Die explizite Ablehnung von verbindlicher politischer Planung seitens der deutschen Regierung und der Europäischen Union könnte sich rächen.

Einige Hoffnung liegt auf der Perspektive des Postwachstums. Die Idee hierbei ist, dass weniger Ressourcen extrahiert werden und damit auch weniger und dafür hochwertigere Güter produziert und verkonsumiert werden. Zentral hierfür wäre im ersten Schritt Abstand vom Wachstumsparadigma. Postwachstum ist allerdings in keinem relevanten Regierungsplan vorgesehen. Stattdessen wird unter anderem im aktuellen Koalitionsvertrag, in der Rohstoffstrategie und im Ressourceneffizienzprogramm nur von Schonung und nachhaltigem Wachstum gesprochen. Damit wird der deutsche und globale Ressourcenabdruck, wie er am Anfang des Buches besprochen wurde, in Zukunft noch größer.

Dem entgegen wirken soll die Ressourceneffizienz: Diese soll in Zukunft drastisch erhöht werden. In der Vergangenheit hat die Gesamtrohstoffeffektivität in Deutschland tatsächlich deutlich zugenommen (BMU 2020, S. 23). Der absolute Rohstoffeinsatz der Wirtschaft ist allerdings nicht gesunken. Die anvisierten Maßnahmen, die für eine effizientere Ressourcenpolitik nötig wären, sind so zahlreich, dass sie in der Zusammenschau unrealistisch erscheinen (BMU 2020, S. 27 ff.). Tatsächlich wäre es sinnvoller, das Gesamtziel des Postwachstums als Leitstern der Ressourcenpolitik zu formulieren. Zusätzliche Herausforderung wird aber sein, dass der

Ressourcenkonsum besonders in Ländern außerhalb der EU wie China stattfinden wird.

Neben privaten und öffentlichen Ressourcenbewirtschaftungsformen von natürlichen Ressourcen könnten zukünftig natürliche Ressourcen auch wieder vermehrt als Gemeinschaftsgüter bewirtschaftet werden. Da diese Art der Bewirtschaftung heute kaum noch praktiziert wird, müsste sie wieder erlernt werden. Da die Allmende-Forschung aufzeigt, welche Art von Gütern für Allmende in Frage kommen und welche Kontextvoraussetzungen gegeben sein müssen, würde es sich lohnen, geeignete Allmende-Flächen zunächst einmal zu kartografieren. Es wäre den Versuch wert, Modellprojekte ins Leben zu rufen, auf deren Flächen natürliche Ressourcen jenseits von Markt und Staat bewirtschaftet würden. Gerade für natürliche Ressourcen, die seitens der Allmende-Forschung gut untersucht sind wie Fischgründe und Waldgebiete, wären die Erfolgschancen groß. Es gibt eine kritische Masse an Menschen, die wieder in größerer Einigkeit mit der Natur leben möchte. Gemeinschaftsgüter fördern das Verständnis für die saisonalen Gegebenheiten und natürliche Zyklen von natürlichen Ressourcen. Die Allmende-Forschung zeigt, dass Menschen, die von natürlichen Ressourcen in ihrer Umgebung anhängig sind, diese auch nachhaltig bewirtschaften.

Die Klimafrage ist eng an den Erfolg oder Misserfolg der globalen Energiewende gekoppelt. Welche Energiequellen zukünftig genutzt werden, entscheidet auch maßgeblich über die Erderwärmung. Mit dem zwischenstaatlichen Ausschuss für Klimaänderungen (IPCC) wurde bereits eine globale Struktur geschaffen, die die Ambitionen der Vertragsstaaten misst und zu Verbesserungen ermahnt. Einige Staaten haben es bereits vermocht, ihre Energieeffizienz zu steigern,

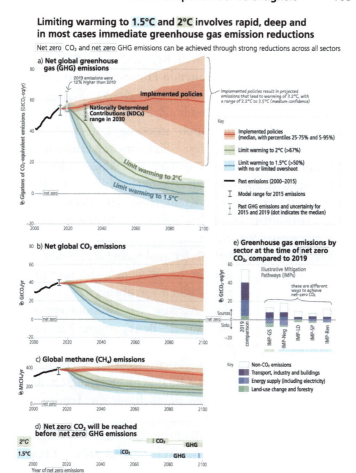

Abb. 6.2 Projektion des Weltklimarates über Erwärmungs-szenarien. (Quelle: Weltklimarat 2023, S. 23; https://www.ipcc.ch/report/ar6/syr/downloads/report/IPCC_AR6_SYR_SPM.pdf)

Entwaldung und Emissionen zu verringern (siehe Abb. 6.2; IPCC 2023, S. 4). Trotzdem wird es als sehr unwahrscheinlich eingeschätzt, dass der Temperatur-anstieg im 21. Jahrhundert unter 1,5 Grad im Vergleich zu vorindustriellen Zeiten bleiben wird: Bei gegebenen Emissionen wird die Erderwärmung am Ende des Jahrhunderts eher bei drei Grad liegen (IPCC 2023, S. 5). Dies bedeutet länger anhaltende Hitzewellen und Dürren, steigende Meeresspiegel und mit einiger Wahrscheinlichkeit häufiger auftretende Zyklone und Feuerwetter (eine Wetterlage, die durch trockene Luft und Wind Brände begünstigt). Diese Phänomene erhöhen das Hitzetotrisiko, das Risiko an über das Wasser oder Essen übertragene Krankheiten zu erkranken erhöht sich, ebenso wie das Risiko mentale Krankheiten zu erleiden. Auch Flutkatastrophen in niedrig gelegenen Regionen werden sich mit großer Wahrscheinlichkeit häufiger.

Das IPCC weist deshalb (einmal mehr) darauf hin, dass die derzeitigen Ambitionen bei Weitem nicht ausreichen, um den oben genannten Risiken vorzubeugen.

Einer der zentralen Akteure der Ressourcenpolitik der letzten Jahre waren soziale Bewegungen. Mit ihrem Druck ist es gelungen, dass die Erkenntnisse des IPCC, der bereits 1990 seinen ersten Sachstandsbericht veröffentlichte, eine breitere Öffentlichkeit erlangten. Über das Problem hinaus weisen sie auch auf die Tendenz der Fremdbestimmung und Entfremdung hin, die durch krisenhafte politische, ökonomische und ökologische Krisen verstärkt werden: Wirtschaftskrisen, Extremwetter und Finanzcrashs führen zu einem Gefühl der Ohnmacht. Anders als ihre „antiinstitutionellen und kulturrevolutionären" Vorgängerinnen (Hirsch 2002, S. 199), sind heutige soziale Bewegungen Verstärker und Mahner zur Einhaltung bestehender internationaler Abkommen. Damit findet je nach Betrachtungsweise eine Umkehr statt: Waren früher soziale Bewegungen an politischen Umstürzen interessiert, treten sie heute für die Stabilisierung des Klimas ein. Regierungen, die sich zum Ziel gesetzt haben, klimagerechte Politik zu gestalten, müssen diesen Umstand als Vorteil sehen. Sie können strengeren Klimaschutz und ressourcenschonende Maßnahmen mit dem Hinweis auf starken klimapolitischen Zeitgeist verabschieden. Diese Allianz kann fossiler Brennstoffwirtschaft und marktliberalen Kräften die Stirn bieten. Die besseren Argumente sind auf ihrer Seite. Dies darf allerdings nicht zu Lasten der sozial Schwachen geschehen. Wie gezeigt, liegt das Problem des übermäßigen Ressourcenverbrauchs klar bei den Reichen. Deshalb gilt auch zukünftig, dass es einem erheblichen Teil der Weltbevölkerung ökonomisch besser gehen muss. Eine Ressourcenpolitik der Leichtigkeit, so komplex sie in ihrer Konsequenz auch wäre, würde global zu einem besseren Leben mit weniger Ängsten und Nöten führen.

Literatur

Anderies, J. M., & Janssen, M. A. (2016). *Sustaining the Commons*. Center for Behavior, Institutions and the Environment.

Bayrischer Rundfunk. (14. März 2023). Städte- und Gemeindebund kritisiert Deals mit Letzter Generation. *BR24*. https://www.br.de/nachrichten/deutschland-welt/staedte-und-gemeindebund-kritisiert-deals-mit-letzter-generation,TYSOwto.

Bourgery-Gonse, T. (16. März 2023). EU unveils Critical Raw Materials Act, aiming to lessen dependence on China. *EURACTIV.com*. https://www.euractiv.com/section/economy-jobs/news/eu-unveils-critical-raw-materials-act-aiming-to-lessen-dependence-on-china/.

Bundesministerium für Umwelt, Naturschutz und nukleare Sicherheit (BMU). (2020). *Deutsches Ressourceneffizienzprogramm*.

Bundesumweltamt. (16. Juni 2021). *Klimawandel und psychische Gesundheit*. https://www.umweltbundesamt.de/themen/gesundheit/umwelteinfluesse-auf-den-menschen/klimawandel-gesundheit/klimawandel-psychische-gesundheit#be-lastung-durch-die-bedrohung.

Dittrich, M., Limberger, S., Doppelmayr, A., & Bischoff, M. (2023). *Monitoring internationale Ressourcenpolitik (MoniRess II)*. Umweltbundesamt.

Engels, A., Marotzke, J., Gonçalves Gresse, E., Andrés López-Rivera, A., Pagnone, A., & Wilkens, J. (2023). *Hamburg Climate Futures Outlook 2023. The plausibility of a 1.5°C limit to global warming—Social drivers and physical processes.* Cluster of Excellence Climate, Climatic Change, and Society (CLICCS).

Finkeldey, J. (2018). Unconventionally contentious: Frack free South Africa's challenge to the oil and gas industry. *The Extractive Industries and Society, 5*(4), 461–468. https://doi.org/10.1016/j.exis.2018.08.006.

Finkeldey, J. (2023). *Fighting Global Neo-Extractivism: Fossil-Free Social Movements in South Africa*. Routledge.

Fridays for Future. (n. d.). *FORDERUNGEN FÜR DIE ERSTEN 100 TAGE DER NEUEN BUNDESREGIERUNG.* https://fridaysforfuture.de/forderungen/100-Tage/.

Graaf, T. V., & Sovacool, B. K. (2020). *Global energy politics*. Polity.

Hardin, G. (1968). Tragedy of the Commons. *Science, 162*, 1243–1248.

Hickel, J. (2020). *Less is more: How degrowth will save the world*. Random House.

Hirsch. (2002). *Herrschaft, Hegemonie und politische Alternativen*. VSA.

Kallis, G. (2023). Degrowth and the Barcelona School. In S. Villamajor-Tomas & R. Muradian (Hrsg), *The Barcelona School of Ecological Economics and Political Ecology* (S. 83–89). Springer.

Lee (Chair), H., Calvin, K., Dasgupta, D., Krinner, G., Mukherji, A., Thorne, P., & Trisos, C. (2023). *SYNTHESIS REPORT OF THE IPCC SIXTH ASSESSMENT REPORT (AR6).* IPCC. https://report.ipcc.ch/ar6syr/pdf/IPCC_AR6_SYR_SPM.pdf.

Ostrom, E. (2015). *Governing the Commons.* Cambridge University Press.

Ostrom, E. (2022a). *Jenseits von Markt und Staat. Über das Potenzial gemeinsamen Handelns.* Reclam.

Ostrom, E. (2022b). *Jenseits von Markt und Staat. Über das Potenzial gemeinsamen Handelns.* I. Theesfeld (Hrsg). Reclam.

Rodríguez-Labajos, B., Yánez, I., Bond, P., Greyl, L., Munguti, S., Ojo, G. U., & Overbeek, W. (2019). Not So Natural an Alliance? Degrowth and Environmental Justice Movements in the Global South. *Ecological Economics, 157,* 175–184.

Smil, V. (2017). *Energy Transitions: Global and National Perspectives* (2. Aufl). Praeger.

Solutions Project. (2023a). *100% Germany.* https://thesolutions-project.org/what-we-do/inspiring-action/why-clean-energy/#/map/countries/location/DEU.

Solutions Project. (2023b). *100% United States of America.* https://thesolutionsproject.org/what-we-do/inspiring-action/why-clean-energy/#/map/countries/location/USA.

Statista Research Department. (9. Januar 2023). *Prognose zur Nachfragesteigerung von strategischen Metallen weltweit bis zum Jahr 2030.* https://de.statista.com/statistik/daten/studie/1218960/umfrage/prognose-zur-nachfragesteigerung-strategischer-metalle-weltweit/.

Šajn, N. (2022). *Right to repair.* European Parliament.

Kommentierte Literatur und Internetadressen

Kommentierte Literatur

Maristella Svampa (2020), Die Grenzen der Rohstoff-ausbeutung. Bielefeld University Press: Bielefeld.
Die vielfach preisgekrönte Soziologin Maristella Svampa, die in La Plata (Argentinien) Gesellschaftstheorie lehrt, beschäftigt sich in den „Grenzen der Rohstoffaus-beutung" mit der „neuen Dimension" des Extraktivismus im 21. Jahrhundert. Das extraktivistische Exportmodell, das einige Länder Lateinamerikas etabliert haben, sieht sie auf immer größere Widerstände stoßen. Der Neo-Extraktivismus lateinamerikanischer Prägung sei weiterhin durch ungleiche Machtverhältnisse und Asym-metrien in den Exportländern selber charakterisiert, aber auch zwischen den Exportländern und Staaten des Globalen Nordens resultiere große Ungleichheit. Das Versprechen mithilfe von Rohstofferträgen Entwicklung

© Der/die Herausgeber bzw. der/die Autor(en), exklusiv lizenziert an Springer Fachmedien Wiesbaden GmbH, ein Teil von Springer Nature 2023
J. J. Finkeldey, *Globale Ressourcenpolitik*, Elemente der Politik,
https://doi.org/10.1007/978-3-658-42175-5

voranzutreiben, erklärt Svampa zum Teil einer „Fortschrittsideologie". Besonders in der Widerstandskraft indigener Völker und Frauen sieht Svampa das Potenzial einer wachstumskritischen „ökoterritorialen Wende". Diese würde in der Konsequenz zu nachhaltigerem Umgang mit natürlichen Ressourcen und einer Vertiefung der Demokratie führen.

Stephen G. Bunker und Paul S. Ciccantell (2005) Globalization and the Race for Resources. The Johns Hopkins University Press: Baltimore.
In dieser geschichtlichen Auseinandersetzung mit globale Ressourcenpolitik werden besonders die Handelsdominanz von Großmächten und deren technologische Entwicklung als Grundstein für immer größer angelegte Ressourcenausbeutung herangezogen. Die Ausdehnung des Kapitalismus wird hier exemplarisch und historisch durch die Zufuhr billiger Rohstoffe aus dem Amazonas nach Europa und Amerika verstanden. Über die Jahrhunderte verschafften sich Handelsakteure aus Portugal, den Niederlanden, Großbritannien, den USA und Japan Zugang zu den Kautschuk- und Eisenvorkommen im Amazonas.

Jan Brunner, Anna Dobelmann, Sarah Kirst und Louisa Prause (2019) (Hg.) Wörterbuch Land- und Rohstoffkonflikte. Transcript: Bielefeld.
In diesem Wörterbuch, das von NachwuchswissenschaftlerInnen herausgegeben wurde, finden sich zentrale Begriffe, die Dynamiken globaler Ressourcenpolitik schnell und verständlich erklären. Zu den Begriffen, die im Wörterbuch behandelt werden, zählen „Extraktivismus", „Globale Lieferketten" und „Corporate Social Responsibility".

Michael T. Klare (2012) The Race for what's left. The Global Scramble for the World's last Resources. Picador: New York.
Der Friedens- und Konfliktforscher Michael T. Klare sieht ein globales „Wettrennen" nach endlichen Ressourcen als Hauptkonfliktursache im 21. Jahrhundert. Aus seiner Knappheitsdiagnose leitet Klare den unumgänglichen Kampf der Großmächte und multinationalen Unternehmen um die verbleibenden Ressourcen ab.

Elinor Ostrom (2015) Governing the Commons: The Evolution of Institutions for Collective Institutions for Collective Action. Cambridge University Press: Cambridge.
Die Ökonomin und Politikwissenschaftlerin setzt sich damit auseinander unter welchen Gegebenheiten natürliche Ressourcen am effizientesten bewirtschaftet werden können. Hierbei verweist sie auf die Vorteile einer dritten Möglichkeit des Ressourcen-Managements jenseits von Markt und Staat. Freiwillige Organisation würde unter gewissen Rahmenbedingungen nachhaltigere Resultate erzeugen als die Zwangsgewalt des Staates. Hierfür gibt Ostrom die Beispiele von Waldgebieten, Fischgründen und anderen als Gemeinschaftsgüter bewirtschafteten natürlichen Ressourcen.

Donella H. Meadows (2019) Die Grenzen des Denkens: Wie wir sie mit System erkennen und überwinden können. Oekom: München.
Als eine wichtige Mitautorin des „Grenzen des Wachstums"-Berichts des Club of Rome hat Donella H. Meadows das Systemdenken vorangebracht. Im „Grenzen des Wachstums"-Bericht werden unter anderem die Grenzen der nicht-nachwachsenden Rohstoffe mittels

einer Computer-Simulation errechnet. Um das Wechsel-
verhältnis von Systemen und ihrer Umwelt zu verstehen,
braucht es eine systemische Betrachtung, die beispielsweise
Rückkopplungseffekte und Systemfallen in den Blick
nehmen.

**Pàdraig Carmody (2016) The New Scramble for Africa.
Polity: London.**
Das Buch beschreibt die interessengeleitete Politik
heutiger Großmächte in Bezug auf afrikanische
Ressourcen. Neben den alten Kolonialmächten ist China
inzwischen der größte Handelspartner afrikanischer
Staaten. Carmody zeigt auch, dass militärischen Interessen
der Großmächte auch nach dem Kalten Krieg für
Spannungen sorgen.

Internetadressen zentraler Akteure

International Resource Panel (IRP), https://www.
resourcepanel.org/
Das IRP wurde 2007 vom Umweltprogramm der Vereinten Nationen (EU) gegründet. Es generiert wissenschaftliche Expertise, die zum Ziel hat Überkonsum,
Abfall und ökologische Schäden zu vermeiden.

World Resources Institute (WRI), https://www.wri.org/
Das WRI mit Sitz in Washington D.C. arbeitet mit
Regierungen, Unternehmen und zivilgesellschaft-
lichen Organisationen an sieben globalen Themen:
unter anderem Wasser, Wälder, Energie, dem Ozean and
Urbanisierung. Für das WRI arbeiten weltweit 1700
MitarbeiterInnen. Ein Fokus liegt hierbei auf grünem
Investment zur Einhaltung des 1,5 Grad Ziels des Pariser
Klimaabkommens.

World Resources Forum, https://www.wrforum.org/
Das World Resources Forum mit Sitz in St. Gallen (Schweiz) hat sich zum Ziel gesetzt durch Multi-Stakeholdertreffen und wissenschaftliche Beratung den globalen Ressourcenverbrauch zu senken.

Extractive Industries Transparency Initiative (EITI), https://eiti.org/
Der vom vormaligen UK-Premierminister Tony Blair mitgegründete EITI hat zum Ziel, dass sich immer mehr Länder Transparenzkriterien anschließen, die den Bergbausektor insgesamt verantwortlicher machen sollen. Sowohl Lieferketten und Finanzströme sollen hierbei offengelegt werden.

Earth Overshoot Day, https://www.overshootday.org/
Der Earth Overshoot Day markiert den Tag, an dem die natürlichen Ressourcen vernutzt werden, die im selben Jahr nachwachsen konnten. Der globale Overshoot Day war im Jahr 2022 bereits am 22. Juli erreicht. Jamaica ist nach den Angaben des Overshoots Days das ressourcenschonneste Land, Katar das am wenigsten nachhaltigste. Unter dem Hashtag #MoveTheDate rufen daher unterschiedliche globale Organisationen zusammen mit den Initiatoren des Overshoot Days zur Ressourcenschonung auf.

Bundesanstalt für Geowissenschaften und Rohstoffe (BGR), https://www.bgr.bund.de/
Die BGR ist eine technisch-wissenschaftliche Oberbehörde, die dem Bundesministerium für Wirtschaft und Klimaschutz (BMWK) unterstellt ist. Zu der in Hannover

ansässigen Behörde gehört auch die Deutsche Rohstoffagentur (DERA).

Ressourcenwende, https://www.ressourcenwende.net/
Ressourcenwende ist ein deutschsprachiges zivil-
gesellschaftliches Netzwerk, das unterschiedliche Akteure
aus Wissenschaft und Politik zusammenbringen möchte
um nachhaltige Nutzung und gerechte globale Verteilung
natürlicher Ressourcen zu fördern.

Bundesumweltamt, https://www.umweltbundesamt.de/
Auf Initiative von Willy Brandt und Außenminister Hans-
Dietrich Genscher wurde 1974 die Gründung des Bundesumweltamts im Bundestag beschlossen. Seit 2005 ist der
Hauptsitz des Bundesumweltamts in Dessau-Roßlau. Die
dem Bundesministerium für Umwelt unterstellte Behörde
zählt 1600 MitarbeiterInnen und liefert Expertise und
betreibt Monitoring von zentralen Umweltindikatoren.

Printed by Printforce, the Netherlands